KB242075

세상을 바꾼 인권

세계사 가로지르기 08

세상을 바꾼 인권

ⓒ 이경주 2012

초판 1쇄 발행 | 2012년 12월 10일
초판 2쇄 발행 | 2014년 3월 31일
지은이 | 이경주
발행인 | 김한청
편집 | 최원준
디자인 | 서정희
펴낸곳 | 도서출판 다른
출판등록 | 2004년 9월 2일 제 2013-000194호
주소 | 서울시 마포구 동교로18길 13 (서교동, 세원빌딩 2층)
전화 | 02-3143-6478
팩스 | 02-3143-6479
블로그 | http://blog.naver.com/darun_pub
트위터 | @darunpub
메일 | khc15968@hanmail.net
ISBN 978-89-92711-78-4 44900
ISBN 978-89-92711-70-8 (set)

이 도서의 국립중앙도서관 출판시도서목록(CIP)은 e-CIP홈페이지(http://www.nl.go.kr/ecip)와
국가자료공동목록시스템(http://www.nl.go.kr/kolisnet)에서 이용하실 수 있습니다.
(CIP제어번호: CIP2012005522)

세상을 바꾼 인권

이경주 지음

다른

세상을 바꾼 인권 | 차 례

머리말 _ 인류 문명을 진화시킨 인권 _ 6

1. 세상을 바꾼 인권

세상과 인권 _ 14

인권은 우리 삶을 바꾼다 _ 18

2. 인권의 탄생

문서에 의한 인권의 보장 _ 26

입법권에도 대항할 수 있는 인간의 권리 등장 _ 43

3. 근대 시민 혁명과 인권 보장

인권 보장의 빛 _ 56

인권 보장의 그림자 _ 68

4. 제2의 근대 혁명과 인권

코뮌과 인권 _ 82

바이마르 헌법과 인권 _ 90

사회주의와 인권 _ 97

5. 한국 헌정사와 인권

대한국민에게 인권을 허하노라 1948~60년 _ 114

나의 죽음을 헛되이 하지 말라 1960~79년 _ 122

국가의 안보와 정권의 안보 1980~90년 _ 134

교사는 노동자가 아니다 1990~2000년 _ 148

맺음말 _ 세상을 바꿀 인권 _ 213

참고문헌 _ 216

교과 연계표 _ 221

6. 현대 한국 사회와 인권

인터넷과 인권 _ 160

청소년과 인권 _ 173

평화와 인권 _ 180

생명과 인권 _ 192

외국인과 인권 _ 203

<u>2 1 세 기 의</u> 화두는 인권이다. 그동안 이념의 그늘에 가려져 주목을 받지 못하던 인권 개념은 20세기 말 동구권 몰락 이후 동서양과 체제를 막론하고 인류의 보편적 화두가 되고 있다. 인권이 보장되면서 인간은 비로소 인간답게 대접받기 시작했다. 만일 인권이라는 개념이 없었다면 인류 문명은 예술, 과학 같은 다양한 방면에서 오늘날과 같은 발전을 이룰 수 없었을 것이다.

이처럼 인류에 큰 영향을 끼친 인권에 대한 다양한 이야기를 통해 인권이 인류 역사에 어떻게 영향을 끼쳤으며, 앞으로 인류의 삶을 어떻게 바꿀 것인지를 이해하려는 의도에서 이 책을 집필했다.

인권은 인간의 권리이며, 인간이 태어나면서부터 갖는 권리이다. 하지만 이러한 인권이 문서를 통해서 보장받기 시작한 것은 불과 200여 년 전이다. 미국 독립 선언(1776년)에서는 '모든 사람은 태어나면서부터 평등하며 그들은 조물주로부터 남에게 양도할 수 없는 천부의 권리를 부여받았다'고 선언했으며, 버지니아 권리 장전

(1776년)에서도 '생명과 자유'가 천부의 권리임을 확인했다. 프랑스 인권 선언(1789년)에서는 '인간'과 '시민'의 권리를 선언하고 인권의 이름으로 법률에 저항할 수 있다고 했다.

인권은 인류를 봉건 체제로부터 해방시켰으며, 국민과 국가 권력의 관계를 뒤바꾸어 '국가를 위해 동원되는 국민'이 아니라 '국민의 인권 보장을 위한 국가'로 새로이 위치 지웠다. 또한 인권은 자본주의의 전개 과정에서 중요한 역할을 했다. 자본주의가 전개되기 위해서는 토지나 기계 등의 생산 수단의 사유, 노동력을 포함한 상품의 자유로운 매매와 유통 등의 보장이 필요하다. 이를 위해서는 재산권, 노동의 자유, 영업의 자유, 거주 이전의 자유, 계약의 자유 등이 전제되어야 한다.

인권은 인류의 예술, 과학을 비약적으로 발전시켰다. 근대 시민 혁명 이후 정신 활동의 자유가 보장되면서 유럽에서는 낭만주의가 유럽과 전 세계를 풍미했다. 인권의 보장으로 정신 활동이 고양되고 예술 인구의 저변이 확대되었다. 음악에서는 리스트, 쇼팽, 하이네, 문학에서는 위고, 뮈세, 발자크 등이 인권과 자유에 기초하여 인류의 정신세계를 넓혀갔다.

그러나 근대 시민 혁명 이후의 인권은 문제점 또한 안고 있었다. 나폴레옹 민법전은 아내를 무능력자라 하여 남편에게 종속된 자로 하였으며, 여성은 선거권을 가질 수 없었다. 자유방임 체제에 기초한 장시간 저임금 노동 체제는, 겉으로는 대등한 개인 간의 계약에 기초한 노사 관계였지만 사실은 노골적인 착취 관계였다(최저 임금법, 노동 관계법 등으로 이러한 노사 관계를 규제하지 못하던 시기의 노사 관계를 사회과학상의 전문 용어로는 원생적 노사 관계라고 한다). 인간 해방의 신시대가 임금 노동자에게는 인간 소외의 상태를 의미하는 데 불과했다. 산업 혁명이 한창이던 1840년에는 프랑스인의 평균 수명이 20세로 내려갔다는 사실은 충격적이기까지 하다.

근대 시민 혁명의 그림자는 다양한 새로운 인권 사상을 낳았다. 1871년 파리 코뮌paris commune에서 인류는 '인간' 과 '시민' 으로서의 생활에 불가결한 권리만이 아니라 '노동자' 로서의 생활에 불가결한 권리를 주장했다. 1919년 독일의 바이마르 헌법에서는 경제 활동의 자유를 적극적으로 제한하면서 노동 삼권勞動三權(근로자의 단결권, 단체 교섭권, 단체 행동권)과 같은 사회권을 헌법에 명문으로 규정하기에 이르렀다. 자유권 중심의 제1세대 인권에 이어 사회권 중심의 제2세대 인권이 탄생한 것이다.

제2세대의 인권에서는 '경제생활의 질서는 각자에게 인간다운 생활을 확보하는 것을 목적으로 하여 정의의 원칙에 적합하여야 한다' 고 했으며, 배타적이고 절대적인 소유권을 공공복리에 이바지해야 하는 상대적인 소유권 개념으로 탈바꿈시켰다. 단결권은 프랑스 시민 혁명기의 르 샤플리에법(단결 금지법)과 달리 오히려 헌법에 인권으로 보장되었다. 오늘날 인류가 받고 있는 다양한 복지 혜택과 일할 권리의 기반이 마련된 것이다.

대한민국 국민에게도 해방이 되면서 인권의 역사가 시작되었다. 일제의 신민에 불과했던 한국인들도 인권의 주체가 되었다. 1948년 헌법이 서구의 근현대 인권사를 아우르는 각종 인권을 규정했음에도 불구하고 1950년대의 인권 상황은 좋지 않았다. 국회에서 악법을 만들어 인권 침해가 오히려 방조되는 허술함을 보여 주었다.

군사 정변의 결과 만들어진 1960~70년대의 헌법에서는 그 정도가 더 심했다. 평화시장의 '바보' 전태일은 근로 기준법을 준수하라 노동 삼권을 보장하라고 외치며 몸을 불살랐다. 나의 죽음을 헛되이 하지 말라던 그의 외침에도 불구하고, 노동 현장에서 그리고 사법 현장에서의 인권은 여전히 무방비 상태였다. 유신에 반대하는 이들 중 일부는 사형 판결 다음 날 초고속으로 사형이 집행되어 저세상으로 갔고, 또다시 나의 죽음을 헛되이 하지 말라고 외쳐야 했다. 애꿏은 민초들은 막걸리 한 잔 먹고 내지른 소리 한마디로 전과자가 되어야 했다. 1980년대의 대학생들은 안보라는 이름으로 인권을 억누르던 군사 정권과 미국을 고발하기도 했다.

1980년대 후반 노동 인권의 목소리가 다시 우리 사회를 흔들었다. 1987년 이후 우후죽순처럼 노동조합이 결성되고, 1990년에는 1,516명의 교사가 노동조합을 결성했다는 이유 하나만으로 교육 현장을 떠나야 했다. 인권 보장의 보루를 자처하는 헌법 재판소가 이들을 해직시킨 법률들을 오히려 합헌이라고 하여 반인권의 편을 든 사이, 민주화의 세례를 입은 국회는 1998년 이들에게 단결권과 단체 교섭권을 부여하는 법률을 통과시켰다.

2000년대 한국 사회는 인권의 각축장이다. 세계적인 인터넷 강국 대한민국에서는 자유로운 표현을 막기 위해 인터넷 실명제를 실시했다. 그러나 이에 아랑곳없이 악플은 늘어만 가고 실명을 확인한답시고 모은 포털의 정보는 광고업자에게 팔려간다. 민주주의를 이야기하면서도 SNS등 새로운 매체를 활용한 정치 참여를 공직 선거법을 통해 막으려다 헌법 재판소의 경고를 받기도 한다.

인터넷 중독으로 부모들에게 핀잔 듣기를 밥 먹듯 하는 청소년들. 학교에 가도 열 받는다. 그래서 외친다. 머리카락과 교복에 너무 집착하지 마세요! 지금은 엄마 아빠가 복장 단속당하며 학교 다니던 시절이 아니라고요. 청소년에게도 개성을 드러낼 자유와 인권이 있다고요! 열 받는 것은 청소년뿐만이 아니다. 어른들도 할 말이 많다. 생명은 소중한 것이라고 그리고 존엄하게 죽고 싶다고. 그리고 생명권은 평화에 의해 지켜진다고!

인권은 계속 성장하고 있다. 전쟁에 휩쓸리지 않고 평화롭게 생존할 권리, 인류 공동의 문화유산을 보존할 권리 등 새로운 권리가 등장하고 있다. 제1세대의 인권이 국가의 간섭 배제를 통해 자유를 확보하기 위한 인권이었고, 제2세의 인권이 국가의 적극적 개입을 통해 복지를 확보하기 위한 인권이었다면, 평화권과 같은 제3세대의 인권은 국가와 개인 간의 협력과 연대를 통해 인간의 존엄과 가치를 확보하기 위한 인권이라고 할 수 있다. 이 책에서는 인류 문명을

획기적으로 바꾼 인권의 역사를 근대와 현대 그리고 현재에 걸쳐서
살펴보고, 인권이 우리의 미래를 어떻게 변화시킬 것인가를 전망해
보려고 한다.

© Dreamstime

세상을 바꾼 인권 | chapter 1

세상과 인권

인권이란 인간의 권리를 말한다. 영국에서는 이를 human rights라고 표현하였고, 프랑스에서는 이를 droits de l'homme라고 표현했는데 말 그대로 인간(human/homme)의 권리(right/droit)이다. 그리고 이를 선언하는 문서들을 작성했는데 이를 인권 선언문이라고 한다.

인간이 인간으로서의 권리를 갖는 것은 당연한 것 같은데 왜 새삼스럽게 인권을 이야기할까? 그것은 아마도 인간이면서도 권리를 갖지 못하던 때가 있었기 때문일 것이다.

내가 아는 잘나가는 파리의 한국인 여행 가이드가 있다. 관광객이 적을 때는 가끔 택시 운전사도 한다니까 파리의 택시운전사 겸 여행가이드이다. 우리나라 사람들이 파리에서 제일 가보고 싶은 곳은

몽마르트르 언덕도 있지만, 뭐니 뭐니 해도 루브르 궁전(현재는 박물관)이란다. 루브르 궁전을 방문한 사람들은 도착하자마자 감탄사를 연발한다고 한다. 미술책이나 유럽 기행문에서 보던 200여 년 전에 지은 아름다운 궁전이 눈앞에 펼쳐지기 때문이다. 어떻게 이렇게 아름다울까 하는 찬사가 끊이지 않는다고 한다.

그런데 이렇게 아름다움에 감탄하다가도 '이 궁전을 누가 지었을까요, 건축 장비나 도구가 발달하지 않았을 200여 년 전에 이 궁전을 지은 사람들은 혹시 고생은 하지 않았을까요' 라고 이야기하면 갑자기 감탄사가 사라진다고 한다.

생각해 보면, 사람들이 고생스럽게 만든 인류 문화유산이나 건축물이 많다. 루브르 궁전, 대영 박물관, 더 멀리 거슬러 올라가면 피라미드에 이르기까지. 그런데 문제는 이를 위해 어떤 사람은 태어나서 10살 때부터 32살 이른 나이에 돌에 깔려 죽을 때까지 오로지 돌만 날랐을 것이다. 어떤 잘나가던 석공은 뒤늦게 불려와 들입다 돌만 파다 돌가루를 마시고 폐병에도 걸렸을 것이다. 이들이 먹고 사는 것은 어떠했겠는가. 이들의 하루하루는 인간다웠을까. 존엄하고 가치 있었을까. 문제는 누군들 그러고 싶었겠는가, 그런 신분으로 태어나다보니 어쩔 수 없었을 것이다. 특히 절대 군주 시대에는 인간다운 생활을 하기 힘든 사람들이 도처에 있었을 것이다. 건설 현장이나 농장, 전쟁터 등등. 그래서 사람들은 인간으로서의 권리 즉 인권을 말하기 시작했고, 인권을 선언하고 이를 문서화했을 것이다.

어떤 이는 기본권이라는 말도 한다. 제2차 세계대전을 종결로 이끌어 우리나라를 해방시키는 데 결정적인 기여를 했던 포츠담 선언에서는 기본적 인권fundamental human rights이라는 말을 사용하는데 기본권이란 기본적 인권을 줄인 말이다. 인권이 인간으로서 가져야 할 근본적인 권리임을 강조한 표현이라 할 것이다. 그렇다면 '인권'과 기본적 인권의 줄임말로서의 '기본권'은 같은 말이다. ★

★　　1871년 독일의 비스마르크 헌정 하에서는 Grundrecht라는 표현을 쓰고 인권 가운데 헌법이 보장하는 것을 의미하는 제한적인 의미로 기본권이라는 표현을 쓰기도 했다. 그러나 오늘날 독일에서는 헌법에 명문으로 규정되지 않은 인권도 인정하고 있다. 따라서 독일식의 기본권이라는 표현을 쓰더라도 인권과 거의 동일하다고 보아야 할 것이다.

인권과 자유

우리 헌법에도 인권을 규정했다고 하여 헌법전을 펼쳐 본다. 그런데 인권이라는 표현이 한 곳(제10조)밖에 없다. 우리 헌법은 인권을 경시하는가 싶기도 하다. 그런데 다른 곳을 보면 온통 자유라는 말이 쏟아져 나온다. 모든 국민은 신체의 자유를 가진다. 모든 국민은 양심의 자유를 가진다. 모든 국민은 언론·출판의 자유와 집회·결사의 자유를 가진다.

루브르 궁전과 같은 건물을 짓는 데 강제로 동원되었던 절대주의 시대의 사람들은 신분 때문에 태어나면서부터 자유롭지 못했다. 그래서 사람들, 특히 자연법 사상가들은 사람은 원래부터 자유롭게 태어난 존재이나 국가 권력이 개인의 자유를 억압하는 주범이라고 진단했다. 그래서 자유를 확보하기 위해서는 자유에 대한 국가적 간섭 배제를 요청할 수 있는 권리가 필요하다고 생각했다. 그것도 태어나면서부터 갖는 권리라고 하게 되었다.

따라서 인권은 자유에 대한 간섭 배제 요청권이므로, 개인의 자유를 확보하기 위한 도구 개념이기도 하다. 인권과 자유는 마치 동전의 양면과 같은 셈이다. 그래서 우리 헌법을 비롯해 많은 국가들의 헌법에서는 인권이라는 표현과 자유라는 표현을 같이 쓰고 있는 것이다. 미국 헌법이 자유liberty라는 개념을 주로 쓰는 것도 이런 이유이다.

인권은 우리 삶을 바꾼다

김 아무개 고등학생은 요즘 인권 때문에 학교생활이 즐거워졌다. 예전에는 매주 금요일 전교생이 모여 강당에서 반강제로 채플(기독교 계통의 학교 등에서 하는 예배 모임)을 들어야 했는데, 선배인 강 모군 사건 이후 채플을 듣지 않아도 되기 때문이다. 지금은 채플을 원하는 학생들만 오후에 학교 식당에 모여 예배를 드리는 것으로 대체되었다.

상황이 이렇게 된 것은 선배인 강 모군이 종교의 자유를 허락해 달라며 학교를 상대로 소송을 한 덕분이다. 대법원 판결을 근거로 서울시는 인권 조례를 추진해 무분별한 종파 교육을 규제하기 시작했다.

강 아무개는 추첨으로 미션스쿨인 D고등학교에 입학했다. 그런데 D고등학교는 미션스쿨로 유명한 곳으로 건학 이념에 따라 채플을 비롯한 종교 교육을 강제적으로 했을 뿐만 아니라, 학생회장에 출마하는 데도 '교회에 1년 이상 다녀야 한다' 는 규정을 두었다. 평소 종교에 대해서는 관심이 있었으나 특정 종파에 대한 강압적 교육에 반대하던 강 모군은 학교 측의 종교 수업에 반발해 손해 배상 청구 소송을 제기했고, 대법원은 'D고등학교가 특정 종교 행사에 참여하지 않은 학생에게 불이익을 줘 신앙이 없는 강 모군에게 사실상 참석을 강요했고, 반복된 이의 제기에도 대책 마련을 하지 않은 것은 인권을 고려하지 않은 처사' 라고 판결했다. 이에 따라 미션스쿨들은 채플이나 종교 수업 시간에 대체 과목을 지정하거나 희망자에 한해 예배를 보도록 했다.

선거 지형을 바꾼 인권

지난 2011년의 거의 마지막 날인 12월 29일, 헌법 재판소는 나름 획기적인 결정을 내렸다. 공직 선거법 제93조 1의 '기타 이와 유사한 것' 에 SNS(소셜 네트워크 서비스) 등과 같은 인터넷 매체를 통한 선거 운동을 포함시키고 이를 규제하는 것은 위헌이라는 것이다. 전과자될 뻔했던 제동 오빠, 자유의 몸이 된 순간이었다.

개념 개그맨으로 불리는 김제동, 팔로워가 무려 60만. 2011년

10.26 서울시장 보궐 선거를 앞두고 트위터에 글을 올렸다. '닥치고 투표', '퇴근하시는 선후배님과 청년, 학생 여러분들의 손에 마지막 바통이 넘어갔습니다' 라고. 또 제동 오빠는 10.26 서울시장 보궐 선거 당일에는 '투표율 50%를 넘으면 삼각산 사모 바위 앞에서 윗옷 벗고 인증샷 한번 날리겠습니다' 라는 글과 투표소에서 찍은 인증샷을 날렸다.

이에 한 시민이 제동 오빠의 투표 독려 글을 공직 선거법 위반으로 고발했으며, 서울중앙지검 공안1부가 이를 배당받아 수사에 착수했다. 공직 선거법 위반이란다. 현행 공직 선거법은 탈법적인 방법에 의한 문서 도화의 배부 또는 게시를 통한 사전 선거 운동을 다음과 같이 금지하고 있다.

누구든지 선거일 전 180일(보궐 선거 등에 있어서는 그 선거의 실시 사유가 확정된 때)부터 선거일까지 선거에 영향을 미치게 하기 위하여 이 법의 규정에 의하지 아니하고는 정당 또는 후보자를 지지 추천하거나 반대하는 내용이 포함되어 있거나 정당의 명칭 또는 후보자의 성명을 나타내는 광고, 인사장, 벽보, 사진, 문서, 도화, 인쇄물이나 녹음, 녹화테이프 기타 이와 유사한 것을 배부 첨부 살포 상영 또는 게시할 수 없다.

공직 선거법이 만들어진 2005년만 하더라도 선거 관련법이 규제해야 할 대상은 이른바 낙천 낙선 운동이었다. 낙천 낙선 운동은 주로 문서, 도화, 인쇄물로 이루어지고 간혹 녹음, 녹화테이프를 활용하기도 했다. 스마트폰, 그리고 스마트폰을 이용한 트위터twitter가 일반화되리라고 누가 상상했겠는가.

국제 영화제 대상도 타게 해준 인권

김기덕 감독이 「피에타」로 베니스 국제 영화제에서 황금사자상을 수상했다. 주연 여배우 조민수도 여우주연상을 탈 뻔했다. 같은 작품이 여러 상을 휩쓸면 안 되어서 여우주연상만은 다른 영화에 주었다는 것이다. 「피에타」는 자본주의의 극단적 폐해와 인간성 상실을 냉혹한 시선으로 그렸다. 이른바 '개념 영화'이다.

1988년 이전에는 우리 영화들이 남녀 관계의 그런 저런 일들을 주된 소재로 하여 그렇고 그런 뭐랄까 '개념 없는 영화'만을 양산하던 시절이 있었다. 이 시절 영화들을 판별할 수 있는 방법은 뭐 그리 어려운 일도 아니다. 우선 제목을 보면 알 수 있다. 「뽕」, 「어우동」, 「무릎과 무릎 사이」, 「가루지기」, 「애마부인」, 「애마부인2」.

그런데 「피에타」보다 25년 빨리 개념 영화를 시도한 감독이 있었다. 강 아무개 감독은 당시 우리 사회가 금기시하던 5.18 민주화 운동 및 한국에 주둔한 미군을 소재로 한 「오 꿈의 나라」라는 영화를 붉과 제작비 933만 8,000원을 들여 만들었다.

그런데 개인적으로 볼 때 이 영화는 상당히 재미없다. 우선 주제가 매우 시사적이고 무거운 탓도 있지만, 솔직히 아마추어 평론가의 입장에서 보아도 엉성하다. 또한 지나치게 직접적으로 메시지를 전달하려고 하고 있어 속이 너무 빤히 보인다. 둘째, 배우들의 연기력이 거의 내 수준이다. 그리고 마지막으로 스펙터클이 없다. 돈을 들인 흔적도 별로 안 보인다는 말이다.

그런데 1989년 1월 문화공보부는 이 영화의 제작진을 실정법 위반 혐의로 고발했다. 당시의 영화법 제12조에는 영화를 상영하기 위해서는 문화공보부의 사전심의필을 받도록 되어 있었는데(영화법 제12조), 제작진이 심의도 받지 않고 영화를 상영했기 때문이란다.

헌법 재판소는 영화도 표현의 한 수단이며, 영화의 제작 및 상영은 다른 의사 표현 수단과 마찬가지로 헌법에 의해 보장을 받음은 물론, 학문적 연구 결과를 발표하는 수단이나 예술 표현의 수단이 된다고 하여, 우리 헌법 제21조 표현의 자유에 의해서도 보호되고 학문 예술의 자유를 규정하고 있는 헌법 제22조에 의해서도 보장을 받는다고 인정했다.

이렇게 광범위하게 헌법적 보호를 받는 영화의 제작 및 상영에 대해서는 행정권이 주체가 되어 영화가 상영되기 전에 그 내용을 어떤 이름으로도 심사, 선별해서는 안 된다고 했다. 가위질하고 도장 맡고 상영할래 아니면, 가위질 안 받고 상영하고 감옥 갈래를 선택하게 하는 것은 '허가받지 않은 것의 발표를 금지하는 제도'가 되는 셈인데, 그러면 사실상의 검열이라는 것이다.

　다행히 지금은 이러한 검열이 없어지면서 우리 영화가 비약하기 시작했고, 국제 영화제에서 상을 타는 것도 어렵지 않은 일이 되었다.

인권의 탄생

chapter 2

문서에 의한 인권의 보장

로빈 후드라는 이름을 들어 보았을 것이다. 불의한 권력에 맞서고 탐욕스러운 부자들을 약탈하여 가난한 이들을 돕는 의적. 뛰어난 활솜씨의 소유자 로빈 후드는 사자왕 리처드의 용병으로 프랑스 전투에서 대활약을 펼쳐 왕의 신임을 받는다. 하지만, 리처드 왕은 전투 중 사망하고 만다. 리처드에 이어 왕위에 오른 것은 영국판 광해군 존 왕이다. 형인 사자왕 리처드가 죽자 동생 존은 조카인 아서 왕자를 내몰고 왕위에 오른다. 성격이 포악하고 귀족의 지지를 받지 못하던 존 왕은 프랑스의 침략까지 당한다. 궁지에 몰린 존 왕은 결국 귀족들의 요구를 받아들여, 왕권을 약화시키는 내용의 문서(마그나 카르타, 1215년)에 서명하고 귀족과 힘을 합쳐 프랑스군을 몰아낸다. 그러나 나라가 안정되자 존 왕은 다시 본색을 드러내 폭군으로 돌아간다. 그리고 로빈 후드는 셔우드 숲으로 들어가 의적이 된다.

연기력을 겸비한 육체파 배우 러셀 크로우 주연으로 2010년 개봉한 영화 「로빈 후드」의 내용이다. 로빈 후드는 실존 인물이 아니라 영국 민담에 등장하는 가공의 인물이다. 평민 출신이라는 이야기도 있고 헌팅턴이라는 백작이 변장한 것이라는 이야기도 있다. 어쨌든 로빈 후드를 등장시킨 일등 공신은 폭군 존이었다. 국민들은 가난과 폭정에 시달리고, 자유가 사라지고 폭압만 남은 영국에서 로빈 후드는 왕의 충성스런 군인에서 권력에 저항하는 민중의 남자가 되었다.

파문당한 존

십자군 전쟁이 한창이던 1209년, 영국 왕 존(1199~1216년)이 파문당하는 초유의 사태가 발생했다. 이유는 말이 오락가락했기 때문이다.

사실 존은 탐욕과 권모술수 그리고 말 바꾸기의 대가였다. 형인 리처드 1세가 1189년에 왕위에 즉위한 뒤 십자군 전쟁과 프랑스와의 전쟁을 위해 약 10년간 외국에 있자 사실상 왕 노릇을 했고, 1199년에 형이 죽자 어린 조카인 아서 왕자를 내몰고 왕이 되었다. 왕이 되는 과정이 개운치 않았던 존은 교회와 봉건 영주들, 게다가 자유민들에게까지 많은 약속을 했다. 왕이 되면 교회의 자유를 보장하고, 영지에 대한 상속세는 구체적으로 정하겠으며, 곡물, 말, 짐마차, 목재에 대한 징발을 하지 않는 등 재산권을 보장하겠다고 약속

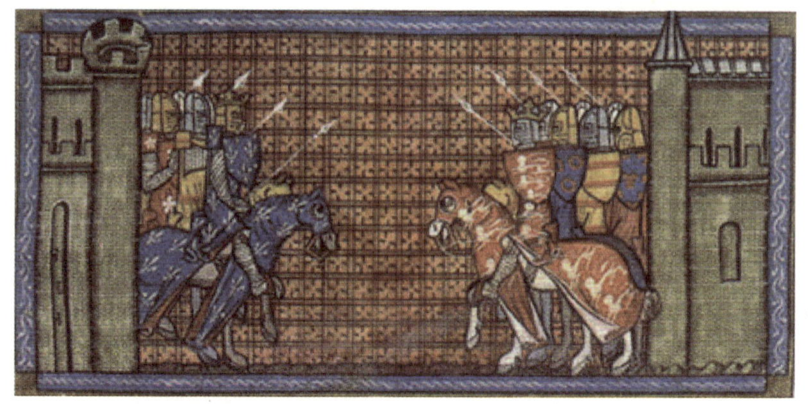

영국의 존 왕과 프랑스 왕 필리프 2세의 전투 | 1199년에 리처드 1세가 죽고 영국 왕위에 오른 존은, 프랑스 내의 영국 영토를 두고 벌인 필리프 2세와의 전쟁에서 거듭된 패배로 왕위에서 쫓겨날 위기에 처한다.

했다. 형벌권을 행사할 때도 합법적인 절차에 따른 재판을 보장하고, 위법 행위의 정도와 형벌이 비례하도록 하겠다는 구두 약속도 했다.

하지만 왕이 된 존은 프랑스와의 전쟁을 이유로 세금을 대폭 늘렸다. 뿐만 아니라 프랑스와의 전쟁에서 패배해 노르망디 지역을 아예 빼앗겼다. 계속되는 패배로 영토를 잃자 사람들은 그를 '땅 잃기 대왕king of lackland', '전쟁만 하면 지는 왕King of soft sword'이라고 조롱했다. 설상가상으로 1208년 교황 이노센트 3세는 영국(잉글랜드와 웨일스)에서의 모든 교회 의식을 중지했고, 1209년에는 존 왕을 아예 파문했다.

존 왕에 대한 거부는 교황청뿐만이 아니었다. 국민들의 불신은 더했다. 국민들을 희생시키지 않겠다고 큰소리치더니 이제 와서는 프랑스와 전쟁을 해야 하고 이를 위해 국민이 희생해야 한다고 말을 바꿨기 때문이다. 국민들 입장에서는 징발을 당하고 세금을 올렸음에도 불구하고, 오히려 땅을 잃었다. 세금이란 이름으로 돈 뺏기고, 전쟁에 져서 자존심이 상한 국민들은 존 왕을 아예 파면하기 위해 반란을 일으켰다.

말 바꾸기 대왕 존에 대한 분노로 반란군의 기세는 등등했는데, 급기야 런던을 점령하는 사태까지 발생했다. 그렇다고 권모술수의 대가인 존이 바로 권좌에서 내려올 리 만무했다. 존은 우선 급한 불을 끄기 위해 반란군의 요구 사항을 문서로 확약한다는 타협안을 제시했다.

문서에 의한 권리 보장 시작되다

타협안은 마그나 카르타^{magna carta libertatum}라고 이름 붙여졌다. 그동안 봉건 영주와 국왕 사이에서 관습적으로 지켜오던 각종 자유와 권리를 확인하는 대헌장이라는 뜻이다.

대헌장은 존 왕이 무시했던 보통법상의 권리들, 다시 말해 법원에서도 인정한 봉건 영주 및 자유민의 권리와 자유를 회복하고 장래에도 이를 보장한다는 것을 내용으로 하여 1215년에 문서화되었다.

모두 63개조에 걸친 대헌장의 일부를 현대적인 감각으로 재구성하면 다음과 같다.

제1조　교회의 자유와 여러 권리는 보장하고, 봉건 영주 및 자유민에 대해서도 다음(제2조 이하)과 같은 권리를 보장한다.

제2조　봉건 영지의 상속세에 대한 최고액은 구체적으로 한정한다.

제12조 병역 면세금, 원조금도 왕국 전체회의에 의하지 않고서는 징수하지 않는다.

제20조 위법 행위의 정도와 벌금형은 비례하게 한다.

제28조 재산권은 보장한다. 곡물, 말, 짐마차, 목재는 징발이 금지된다.

제38조 증인에 근거하여 소추한다.

제39조 형사 사건에 관해서는 합법적인 재판을 보장하며, 국법에 의하지 아니하고서는 체포, 감금, 처벌, 권리 침해 등을 받지 아니한다.

제52조 합법적인 재판에 의하지 않고 권리를 침해당했을 경우 복권과 원상회복을 보장한다.

그리고 대헌장에 의한 보장의 실효성을 확보하기 위해 '국왕 및 관리가 이러한 보장을 침해할 경우에는 선발된 25명의 봉건 영주가 시정을 요구할 수 있으며, 시정되지 않을 경우 25명의 봉건 영주는 전 국민과 함께 국왕의 성, 토지, 재산을 박탈하는 등 모든 수단을 동원할 수 있다'고 못을 박았다.

마그나 카르타에 서명하는 존 왕 | 마그나 카르타는 귀족 세력의 이익을 보장하기 위한 문서였으나, 훗날 그 내용이 확장되어 인권 선언의 시초라는 상징적인 의미를 지니게 되었다.

17세기 초에 즉위한 찰스 1세는 의회가 올린 권리 청원을 무시하고, 의회를 해산함과 동시에 의회 지도자들을 감옥에 가두고 11년이나 의회 없이 전제 정치를 했다.

그러나 돈 앞에는 장사 없다고 하는 우리 속담처럼, 의회 무시로 일관하던 찰스 1세도 스코틀랜드와 전쟁이 일어나자 전비 조달을 원활하게 할 목적으로 1640년 4월 13일 무려 11년 만에 의회를 소집했다. 의회의 주요 지도자를 옥에 가둔 채 소집된 반쪽짜리였다. 자의적 증세가 아니라 의회의 동의를 거쳐서 하는 정당한 세금 올리기라는 모양새를 갖추기 위한 의회였다. 하지만 이를 모를 리 없는 중 의원이 강력히 반발했다. 무거운 임시 과세에 반대한다고 아예 내걸었다. 목적을 이루지 못한 찰스 1세는 11년 만에 소집한 국회였지만, 분에 못 이겨 소집한지 3주 만에 의회를 해산했다. 후세의 역사가들은 이를 단기 의회the short parliament라고도 한다.

이러한 조치가 민심 폭발의 기폭제가 되어 올리버 크롬웰 등 청교도가 다수 반란에 참가하게 되었고 결국 청교도 혁명으로 이어졌다. 혁명의 결과 1640년에 다시 소집된 의회는 국왕 찰스 1세를 전제 정치의 책임자로 처벌하고 전제 왕정의 지배 구조를 타파하는 개혁을 단행했다. 다시 소집된 의회는 1660년까지 이어져 왕을 견제하는 역할을 했는데 이를 후세의 역사가들은 앞의 단기 국회와 대비하

권리 청원 | 의회가 찰스 1세의 권리 남용을 막기 위해 작성한 문서이다. 역사적으로는 주권이 국왕에서 의회로 옮겨지는 계기가 되었다.

여 장기 의회the long parliament라고 부른다.

이러한 과정을 구체적으로 다시 살펴보면, 1649년에는 마침내 청교도가 중심이 되어 국왕을 처형하고 공화제가 수립되었으며, 1653년에는 크롬웰을 호민관으로 하는 정권이 발족했다. 그리고 청교도가 중심이 된 의회(장기 의회)가 국정의 중심적 역할을 하였다. 그러나 1658년에 크롬웰이 죽자, 1660년에 왕정복고가 이루어지고 찰스 2세와 제임스 2세에 의한 절대주의가 다시 득세하게 되었다.

그러나 국민이 잠잠할 리 없었다. 국민의 불만이 극에 달하자 의회와 오라네공 빌렘 등이 주도한 새로운 혁명이 성공했다. 그리고 1688년 입헌 군주제가 수립되었다. 그러나 이러한 과정이 청교도 혁명 등과 달리 피 한 방울 흘리지 않고 이루어졌다고 하여 이를 명예혁명이라고 한다.

1689년 제임스 2세가 물러나고 제임스 2세의 딸 메리와 그 남편인 윌리엄 3세가 공동 왕으로 추대되는 합의가 컨벤션 의회를 통해 이루어지게 되는데 이때 합의된 문서가 권리 장전bill of rights이다. 권리 장전은 국왕에 대한 의회의 승리, 다시 말해 군주 주권론에 대항하여 승리한 의회 및 의회 주권론자들의 논리를 확인한 문서이기도 했다.

그래서 권리 장전에는 가톨릭교도의 왕위 계승을 봉쇄하는 데 그치지 않고 국왕의 초법적 특권을 폐지하는 내용이 들어 있었다. 그리고 평화 시 상비군 유지를 하지 못하도록 규정하는 한편 의회의 소집과 자유선거의 원칙을 보장한다는 내용도 들어 있었다. 의회의 힘으로 절대주의를 밀어내었고 국왕은 이제 군림하지만 실질적인 통치권은 갖지 못하게 되었다. 이에 대하여 영국의 헌법학자 다이시는 『헌법연구서설』에서 "영국 의회는 남자를 여자로, 여자를 남자로 만드는 것 외에는 무엇이든 다 할 수 있다"라고까지 표현했다.

왕의 지배가 아닌 법의 지배를 의미함과 동시에 훗날 입헌 국가들의 헌법에 인권이 단순히 명문화되는 데 그치지 않고 보다 구체화되는 가교 역할을 했다.

제임스 2세의 딸 메리와 그 남편인 윌리엄 3세 | 네덜란드 총독으로 있던 윌리엄은 영국 귀족들의 요청에 따라 1만 5,000명의 군대를 이끌고 런던으로 진격했다. 결국 제임스 2세가 프랑스로 도망가면서 명예혁명이 이루어졌다.

이와 같이 영국에 출현한 권리 보장 제도는 근대적인 의미의 헌법이 보장하고자 하는 인권의 핵심을 나름 포함하고 있었지만 그 자체만으로는 아직 근대적인 의미의 인권 보장이 될 수는 없었다.

우선, 권리 장전 등에 규정되어 있는 권리와 자유는 모두 봉건 영주나 자유민과 같은 영국 인민 또는 그 일부 사람들만의 권리를 확인하고 보장하고 있다. 근대적인 의미의 헌법에서와 같은 보편적인 인간의 권리, 인간이 태어날 때부터 가지고 있는 자연권, 누구나 평등하게 누릴 수 있는 권리를 의미하는 것은 아니었다.

다음으로, 권리 장전 등에 규정되어 있는 권리와 자유는 입법권에는 대항할 수 없는 권리였다. 다만 절대 왕정에서는 군주가 주권을 행사했으나 명예혁명의 결과 의회가 주권자가 되었다는 점은 역사에 있어서 큰 진전이었다. 그러나 아직은 인권으로 의회의 권력을 통제할 수 없었다. 의회가 법률로 정하면 왕의 권력을 제한할 수 있을 뿐만 아니라 경우에 따라서는 인권을 침해하는 법률도 만들거나 정할 수 있다는 생각이 남아 있었던 것이다.

독립 전쟁과 인권

해가 지지 않는 나라 절대주의 영국에도 해가 지기 시작했다. 1765년 북아메리카의 영국 식민지 13개 주(오늘날의 미국) 가운데 9개 주

북아메리카에 도착한 청교도들 | 처음 북아메리카로 건너간 청교도 102명 중 35명은 영국으로부터 분리를 주장하는 급진파였다.

대표들이 모여 '대표 없는 곳에 세금 없다' 라는 슬로건을 내걸고 반발하기 시작했다. 1776년에는 마침내 독립을 선언했다. 이 해에 발표된 '독립 선언서' 의 내용은 생명권, 행복 추구권, 저항권과 같은 근대적인 인권들을 주요한 내용으로 하고 있었다.

영국 사람들이 북아메리카로 본격적으로 건너가기 시작한 것은 1620년경이다. 영국 청교도들은 북아메리카의 매사추세츠 주 연안에 도착해 후일 플리머스라 부르는 곳에 정착을 했다. 그리고 그 후에도 종교의 자유와 경제적 목적으로 많은 영국인들이 아메리카 대류으로 이주했다. 이들은 100여 년에 걸쳐 13개 주에 식민지를 건설했고, 영국 정부도 이들에게 자치를 허용했다.

1714년부터는 영국의 스튜어트 왕조가 막을 내리고 하노버 왕조가 시작되었는데, 조지 3세가 왕위를 계승한 이후부터 13개 주 식민지와 영국의 관계가 악화되기 시작했다. 프랑스와 북아메리카에서 7년에 걸쳐 식민지 쟁탈전을 벌여 프랑스를 압도했지만, 전쟁에 소요되는 비용을 충당하기 위해 13개 주 식민지에서 세금을 늘리려 했기 때문이다. 1764년에는 설탕법을 제정하여 식민지로 수입되는 유럽 물건들에 새롭게 관세를 부과하기 시작했고, 1765년에는 인지세법을 통과시켜 신문, 팸플릿 등과 법률적 효력을 갖는 문서에 모두 인지를 사서 붙이게 했다. 본국 영국의 청교도 혁명에서 보았던 것처럼 절대주의 국가 권력에 대한 저항 정신이 강한 청교도가 중심이 되어 개척했고, 그래서 저항적 청교도적 전통이 강한 북아메리카 식민지에서 이를 방관할 리 없었다.

1765년에는 13개 주 가운데 9개 주 대표들이 모여 인지세법의 철폐를 주장했고 저항에 부딪힌 영국 의회는 이를 철회했다. 그러나 인지세법 철회 대신 영국 의회는 새로운 세금 징수법을 통과시켜 식민지가 영국으로부터 수입하는 물품에 대한 관세를 오히려 올렸다. 새로운 관세법에 대항하여 식민지인들은 강렬하게 저항했고, 1773년에는 아메리카 원주민으로 가장한 저항 세력이 보스턴 항구에 정박한 영국 배에 올라가 배에 실려 있던 차를 모두 바다에 던져 없애

독립 선언서를 발표하는 대륙 회의 | 1774년에 창설되어 영국으로부터의 독립을 쟁취한 대륙 회의는 89년 연방 헌법 제정으로 신정부가 수립되자 해체되었다.

는 사건이 발생했다. 영국은 이를 빌미로 보스턴이 속해 있는 매사추세츠 주의 자치권을 정지시키고, 식민지인들의 재산을 징발하는 새로운 조치를 취하는 등 탄압을 가속했다.

이에 반발한 식민지의 대부분의 주가 버지니아 주의 제안에 동참하여 1774년 제1차 대륙 회의를 열고 '권리와 불만의 선언' 이라는 내용의 성명을 발표하고 조지 3세에게 진정서를 보냈다. 하지만 영국 정부의 반응이 신통치 않았고, 이듬해에는 보스턴 외곽의 렉싱턴에서 영국군과 식민지 세력 간에 무력 충돌이 일어났다. 이를 계기로 1776년 대륙 회의는 '독립 선언서'를 발표하고 영국으로부터 독립을 위한 전쟁을 개시했다. 결국 1783년에 영국은 미국의 독립을 승인하게 된다.

미국의 독립은 외형적으로는 독립 전쟁의 형태를 띠었지만, 내용적으로는 미국판 근대 시민 혁명이었다. 토머스 제퍼슨이 초안하고 벤저민 프랭클린과 존 애덤스가 수정한 '독립 선언서'는 자연권, 합의에 의한 지배, 저항권과 같은 근대적 사회사상과 이에 기초한 인권들을 담고 있었다.

우리는 자명한 진리로서 모든 사람은 평등하게 창조되고 박탈당할 수 없는 천부의 권리를 조물주로부터 부여받았으며 그러한 권리로 생명, 자유 및 행복 추구권이 포함된다고 확신한다. 또한 이들 권리를 확보하기 위해 인간들이 정부를 조직하였으며 그러한 정당한 권력은 피치자의 동의에 기초한 것이라고 믿는다. 그리고 어떠한 정치 형태이든 이러한 목적을 훼손하는 경우에는 인민이 이를 개폐하고 인민 스스로의 안전과 행복을 추구하기 위한 이념에 기초하여 권한 있는 기구를 세워 새로운 정부를 조직할 권리를 갖는다고 확신한다.

독립 선언보다 앞선 버지니아 권리 장전

독립 전쟁이 진행되면서 식민지의 개별 자치주들은 영국의 통치 기구를 해체하고 스스로 정치 기구를 수립해야 했다. 버지니아 주는 다른 주에 앞서, 1776년 윌리엄스버그에서 협의회를 개최해 버지니아의 독립을 결의하고 헌법 기초 위원회를 조직했다. 또한 1776년에 조지 메이슨이 기초한 권리 장전을 채택하고 정부 조직에 관한 법안을 채택했는데, 이 두 가지를 합하여 버지니아 헌법이라고 한다.

조지 메이슨이 기초한 버지니아 헌법의 권리 장전은 영국의 '권리 청원', '권리 장전'에 의거하면서도 18세기의 자연법사상에 뿌리를 두고 있었다. 그 주요 내용은 다음과 같다.

첫째, 모든 사람은 태어나면서부터 자유롭고 독립적이며 일정한 생래적인 권리를 갖는다. 이들 권리는 인민이 사회를 조직함에 있어 어떤 계약으로도 박탈할 수 없는 것이다. 이들 권리란 재산을 취득 소유하고, 행복과 안녕을 추구할 수단을 동반하는 것이며, 생명과 자유를 향유할 권리이다.

둘째, 모든 권력은 인민에 속하며 인민에 유래하는 것이다. 행정을 담당하는 관료는 인민의 수탁자이고 공복이며 항상 인민에 대하여 책임을 져야 한다. 정부는 인민, 국가 또는 사회의 이익과 보호 및 안전을 위해 수립되었으며 수립되어야 한다.

셋째, 국가의 입법권 및 행정권은 사법권으로부터 분리되고 구별되어야 한다.

영국의 ‘권리 청원’, ‘권리 장전’ 그리고 프랑스의 자연법사상과 근대적 사회사상에 영향을 받은 버지니아 권리 장전의 이러한 내용은 근대적 사회사상의 원천지인 프랑스의 시민 혁명에 다시 영향을 미치게 된다.

누구나의 인권

1789년 프랑스 혁명은 귀족이나 자유인이 아니더라도 모두가, 그리고 누구나 인권을 누릴 수 있다는 것을 일깨워 주었다. 그런 의미에서 프랑스 혁명의 와중에 선언된 '인권 선언'은 근대적인 인권을 본격적으로 문서화시킨 권리 장전이었다.

사실 마그나 카르타, 권리 청원, 권리 장전에서 각종 권리와 자유가 비록 문서로 보장받기는 했지만, 그것은 주로 봉건 영주나 자유인의 관습적인 권리와 자유를 문서로 보장받은 것, 다시 말해 특정 계층을 위한 권리 장전이었지 만인의 권리 장전이라고 할 수 없었기 때문이다.

프랑스 혁명이 이러한 근대적인 권리 장전을 낳은 것은 이유가 있다. 그것은 프랑스 혁명이 신분제에 의해 지탱되던 구체제(절대주의 체제)를 아래로부터의 혁명에 의해 전복한 결과이기 때문이다. 프랑스어로 앙시앵 레짐(구체제)이라 불리는 절대주의 체제는 국민의 1퍼센트에 불과한 소수의 성직자와 귀족이 특권적 지위를 누리고, 국민의 99퍼센트를 차지하는 다수의 비특권 계급이 혹사당하는 체제였다.

국민의 절대다수를 차지하던 비특권 계급은 신흥 상공인 계급, 소상공인, 자영업자, 노동자, 농민 등으로 구성되어 있었다. 이 가운데 일부는 농민이나 소상공인에게 실과 직기 등을 제공하여 낮은 임금으로 직물을 짜게 하는 매뉴팩쳐의 경영자가 되기도 하고, 토지 보유를 확대하여 빈농과 소농을 소작인과 농장 노동자로 고용하는 부르주아 지주가 되기도 하고, 상공업 활동에 종사하는 부르주아 계급이 되기도 했다.

프랑스 혁명기의 프랑스 사회는 이러한 이중의 생산관계 및 대항 관계 즉, 특권 신분과 비특권 신분의 대항 관계와 비특권 신분 내부의 부르주아와 민중의 대항 관계를 특색으로 했기 때문에 정치적 대항 관계 또한 이중적이었다.

신흥 부르주아 계급은 독자적인 이해관계를 가지면서 동시에, 비특권 계급의 다수를 흡수하여 이들의 힘을 혁명에 동원해야 하는 과제를 짊어지고 있었다. 자연법사상과 사회 계약이 주장하는 인간의 보편성과 인간의 자유와 재산을 보장하기 위한 사회 계약의 필요

매뉴팩쳐 | 매뉴팩쳐란 공장제 수공업을 말한다. 매뉴팩쳐 이전 단계에서는 수공업적인 생산 및 경영 양식이 일반적이었다. 그러나 산업이 발달하면서 생산 설비와 노동자를 결합시킨 생산 양식이 대두하게 되었는데 이것이 매뉴팩쳐이다. 다만, 매뉴팩쳐는 오늘날과 같은 기계제 생산 양식과 달리 생산 과정을 주로 사람(노동자)이 담당하였으며, 생산 과정을 주로 사람이 담당하기는 하였으나 사람(노동자)이 생산 과정의 부분 부분을 담당하였다는 점에서는 생산 과정의 전 과정을 담당하는 수공업 생산제와도 달랐다. 한마디로 매뉴팩쳐는 수공업 생산제가 기계제 생산제로 가는 과도기적 단계의 생산 및 경영 양식이다.

성이 역설되었다. 그래서 프랑스 혁명의 결과 만들어진 인권 문서는 특정 계급이나 계층을 주어로 하지 않고, 원칙적으로는 보편적인 내용을 담게 되었다.

그 결과 프랑스 인권 선언 제1조의 주어는 인간이었다. 즉, "인간

프랑스 인권 선언 | 정식 명칭은 '인간과 시민의 권리 선언'이다. 1789년에 공표되었으며, 이후 여러 나라의 헌법에 커다란 영향을 미쳤다.

은 권리에 있어서 자유롭고 평등하게 태어나 생존한다. 사회적인 차별은 공동의 이익을 위해서만 존재한다". 또한 국가와 같은 모든 정치적 결사의 목적도 인권 보장에 초점이 맞추어졌다. 제2조에서는 "모든 정치적 결사의 목적은 인간의 자연적이고 시효로 소멸되지 않는 권리를 보전함에 있다. 그리고 그 권리란 자유, 재산, 안전, 그리고 압제에 대한 저항이다"라고 규정했다. 제16조에서는 "인권 보장이 확보되지 아니하고 이를 위한 권력 분립이 규정되지 아니한 사회는 헌법을 가진 것이라고 할 수 없다"고 했다.

법만 있으면 무엇이든 할 수 있다?

오늘날 우리 주변에서도 흔히 '법대로 해', '법률에 이렇게 있는데 왜 안 돼' 하는 이야기를 자주 듣는다. 법만 있으면 무엇이든 할 수 있다는 생각이다. 이러한 생각을 법만능주의라고도 한다. 명예혁명 이후의 영국에서도 이러한 사고가 있었다. '의회는 남자를 여자로 바꾸고, 여자를 남자로 바꾸는 것 이외에는 무엇이든 할 수 있다' 는 격언이 그 대표적인 예일 것이다.

우리가 일반적으로 법이라고 하는 것은 헌법, 법률, 명령 등 다양한 규범으로 구성된다. 이러한 법규범에는 일정한 위계가 있다. 현행 우리 법체계에서는 헌법-법률(중앙의회제정법)-명령-규칙-조례

(지방의회제정법)로 법을 분류하고 있다. 전근대 사회에서는 의회에서 제정한 법률이 아닌 왕이 제정한 법인 칙령 등으로 정치와 행정을 좌지우지했으므로 절대주의적인 전횡이 난무했다. 이러한 문제점을 시정하기 위해 근대 사회에서는 국민의 대표 기관인 의회를 만들고 그 의회가 제정한 규범인 법률을 통해 정치와 행정을 하려는 것이므로 법규범의 대표 격인 법률을 존중하는 것은 진일보한 사고방식이라 평가하지 않을 수 없다.

그러나 근대 초기의 의회는 반드시 국민의 대표들로만 구성된 것은 아니었다. 독일 비스마르크 체제의 의회나 일본의 메이지 정부 의회와 같이 왕이 임명하는 의원들이 다수를 차지하는 경우도 있었다. 이들 의회에서는 왕의 의중을 헤아려 법률을 제정했기 때문에 의회제정법을 존중한다는 것이 오히려 인권을 침해하고 이를 합법화하는 경우도 있었다.

프랑스와 같이 전형적인 시민 혁명을 거쳐 의회를 구성한 경우에도 선거권 같은 것을 예로 들면, 19세 이상의 성인남녀 모두에게 인정된 것이 아니라 19세 이상의 남자 가운데 납세 능력과 교양을 갖춘 사람으로 한정하는 제한 선거가 이루어졌다. 이러한 상황에서는 평균적인 국민의 이해관계를 대표하는 의원보다는 특정한 집단의 이해를 대표하는 의원들이 많아 이들이 만든 의회제정법이라고 하더라도 반드시 인권을 보장하는 것은 아니었다.

그러므로 앞서 말한 '의회는 무엇이든 할 수 있다'는 격언은 법률의 만능성, 무소불위성을 얘기하는 의미로 해석할 것이 아니라, 의회가 동의한다면 이런저런 일을 법률의 형식으로 할 수 있다는 의미로 해석해야 할 것이다.

법률은 잘 만들어야 한다

국민의 대표 기관인 의회가 규범을 제정해야 한다. 프랑스 인권 선언 제7조에서 "법률이 정하는 경우와 형식에 의하지 아니하고는 소추 체포 구금되지 않는다"고 할 때는 국민의 대표 기관인 의회가 규범을 제정해야만 신체의 자유를 제한할 수 있다는 의미이다. 법률이 정하는 경우에 인권을 제한할 수 있다는 것은 치자와 피치자의 동일성 원리에 기초한다. 법률로 피치자 즉 다스림을 받는 자의 인권을 제한할 수 있다고 하더라도 원리적으로 그 법률은 하늘에서 갑자기 뚝 떨어진 것이 아니라 피치자가 스스로 뽑은 대표들이 만든 것이므로 다스림을 당하는 자가 동의하여 그렇게 한 것과 같다. 즉 치자와 피치자가 동일하다는 뜻이다.

그러나 그렇게 해서 만들어진 법률은 그 내용이 막무가내이어서는 안 된다. 프랑스 인권 선언은 법률을 만드는 것에 대한 일정한 제약을 덧붙였다. "법률은 사회에 유해한 행위만 금지시킬 수 있고, 법률에 의해 금지되지 않은 것은 어떠한 것이라도 방해받지 아니하며

또 누구도 법률이 명하지 않는 것을 하도록 강제할 수 없다”(제5조)
고 했다. 또한 “법률은 엄격히 그리고 명백히 필요한 형벌만을 요구
해야 하고 누구도 범죄 이전에 제정 공포된 또는 합법적으로 적용된
법률에 의하지 아니하고는 처벌될 수 없다(제8조)”고 했다. 제5조는
죄형 법정주의를 규정한 것이고, 제8조는 소급 입법 금지의 원칙을
규정하고 있다.

인권에 반하는 법은 무효

인권에 반하는 법은 만들어도 무효이다. 인권을 보장해야 한다는 것
은 근대적 의미의 헌법의 기본 원리이기 때문이다. 근대적 의미의
헌법이란 인권 보장과 이를 위한 권력 분립의 문서이므로, 인권에
반하는 법을 만들어서도 안 되며, 인권에 반하는 법에 기초한 행정
을 집행해도 안 되며, 인권에 반하는 사법 작용을 해서도 안 된다.

권리 청원, 권리 장전에서와 달리 프랑스 시민 혁명 이후의 권리
장전에서는 의회제정법인 법률을 중요시했지만, 그 법률도 잘 만들
어야 한다는 점을 강조했다. 즉 법률은 인권은 침해하지 않아야 하
고, 잘못된 법률에 대해서는 인권의 이름으로 대항할 수 있다는 의
미를 내포하고 있는 것이다.

법률에 대항할 수 있는 인권이라는 개념은 두 가지 의미가 있다.

첫째는 의회를 통하여 인권 침해적인 법률을 고치거나 없앨 수 있다는 의미이다. 즉 인권 침해적인 법률이므로 의회에 개정하거나 폐지하도록 요구할 수 있다는 것이다. 제2차 세계대전 이전에는 주로 이러한 의미로 사용되었다. 그러나 나치 독일에서와 같이 의회에서 만든 법률이라고 하더라도 악법이 난무하고 의회에 대하여 악법의 개정이나 폐지를 요구하기 어려운 상황을 경험하고 나서부터는 '법률에 대항할 수 있는 인권' 개념을 다른 각도에서 실효화하기도 했다. 그것은 사법부가 입법부에 대하여 거부권을 행사하는 것이다. 이것이 두 번째 의미이다. 미국과 일본에서는 법원이 위헌 법률 심사를 통해, 독일과 우리나라에서는 헌법 재판소라는 전문 법원을 만들어 인권 침해적 법률을 무효화하고 있다.

그러나 입법권에도 대항할 수 있는 인권이라고 하더라도 무소불위의 것은 아니다. 물론 인권은 타인을 해치지 않는 한 모든 것을 다 할 수 있는 권리이다. 따라서 각자의 인권 행사는 사회의 다른 구성원에게 같은 인권의 향유를 확보하는 것 이외에는 한계를 가지지 않는다(프랑스 인권 선언 제4조). 그러나 동시에 다른 구성원의 인권을 침해해서는 안 된다. 다른 구성원의 인권을 동등하게 확보하기 위해 제한을 가할 수 있는데 그러한 경우에도 국민의 대표 기관인 의회가 제정한 규범인 법률에 의하도록 하고 있다.

우리 헌법은 질서를 어지럽히는 것, 공공복리를 해치는 것을 다른 구성원의 인권을 침해하는 것으로 표현하고 이러한 경우에 '법률로써' 이를 제한하도록 하고 있다. 제한을 법률에 내맡기고 있다고 하여 이를 법률의 유보라고 표현한다. '법률로써' 제한하는 경우에도 '필요한 경우에 한하여' 제한할 수 있다. 이를 헌법 교과서들에서는 과잉 금지 원칙이라고 설명한다.

© Dreamstime

근대 시민 혁명과 인권 보장
chapter 3

인권 보장의 빛

　　프랑스의 랑비네 미술관에는 장 밥티스트 레뇨 남작이 18세기 초에 그린 「인권 선언문과 관련한 우의화allegorie relative a la declaration des droits de l'homme」라는 유명한 유화가 한 점 있다. 교과서적으로 잘 짜인 구도의 그림 가운데에 두루마리 종이 한 장이 펄럭이는데, 그것이 바로 인권 선언문이다.

　　프랑스의 경우, 1789년 인권 선언을 기초 교육의 주요한 자료로 삼았다. 인권 선언을 읽고 받아쓰는 교육을 통해 글자 배우기가 이루어졌다. 공교육이 시작된 것이다. 공교육의 핵심은 절대주의를 물리치고 공화주의를 확립했다는 것, 공화국의 가치는 인권이라는 것이다.

　　이러한 '인권 선언 받아쓰기'는 오늘날에도 계속된다. 지난 2002년 프랑스 대선에서 극우파 국민전선당의 후보가 1차 투표에서

인권 선언문과 관련한 우의화

17퍼센트를 획득해 결선 투표에 나서게 되었다. 『르몽드』 신문은 '프랑스의 수치'라는 제목의 사설을 실었고, 10만이 넘는 고등학생들이 거리로 뛰쳐나와 극우파에 반대하는 시위를 벌였다. 프랑스의 학생들이 내건 표어는 놀랍게도 "공화국을 지키자!"였다. 외국인 이주 노동자들에 대한 추방과 차별, 사형제의 부활, 경찰력 강화 등을 주장하는 극우파에 반대하는 이념적 근거로 공화국이라는 기치를 들고 나온 것이었다. 고등학생임에도 불구하고 자유, 평등과 함께 인권과 연대라는 가치를 프랑스의 정체성이라고 생각하고 그 가치에 반하는 행동을 하는 극우파에 반대했던 것이다. ★ 이게 다 '인권

★ 이학수, 프랑스는 배운 대로 행동했다, 『한겨레신문』, 2006년 4월 13일.
★★ 신용석, '인권 선언' 암기하는 프랑스 학생들, 『자유공론』, 2002년 1월호.

자유와 낭만

근대 시민 혁명 후 정신 활동의 자유가 천부적인 인권으로 보장받자 음악, 미술, 문학 등 예술 분야에서는 고전주의가 물러나고 낭만주의가 대두하기 시작했다.

르네상스 시대에 고대 그리스·로마 문화에 대한 심취에서 비롯한 고전주의는, 조화와 균형, 명석함과 같은 가치를 추구하고 감각 현상들은 오히려 경시했다. 그러나 낭만주의가 대두하면서 감각 현상들을 외면하지 않고 오히려 그로부터 인간성의 진실을 찾는 풍조가 확산되었다. 고전주의가 모범으로 삼은 그리스·로마 문화만을 중시하던 풍조를 탈피하여 자기 나라의 과거로 눈을 돌리고, 그로부터 새로운 문화의 원천을 찾으려는 시도였다. 이성적 표현 방식도 중요하지만 주제를 어떤 느낌으로 어떻게 표현하느냐 하는 것도 중요하다는 쪽으로 인식의 물꼬가 터진 것이다.

물론 예술에서 낭만주의 사조가 확산된 배경에는 근대 시민 혁명

민중을 이끄는 자유의 여신

의 취약성도 한몫했다. 근대 시민 혁명기의 지성 사회를 주도하던 계몽주의조차도 완전하지 못했고, 특히 인간의 취약한 면이 혁명 과정에서 드러나면서 계몽주의의 부족한 자리를 낭만주의가 파고든 것이다.

낭만주의는 회화에서 두드러지게 드러났다. 들라크루아는 자유, 평등, 박애를 상징하는 삼색기를 휘날리며, 젖가슴을 드러낸 채 민중 봉기를 이끄는 「민중을 이끄는 자유의 여신」 그림(1830년)으로 센

세이션을 일으켰는데, 느낌을 중시하는 낭만주의 사조를 잘 보여 주고 있다. 들라크루아와 함께 제리코도 「메두사호의 뗏목」(1819년) 등에서 시사적인 사건에 대한 공감과 열정을 격렬한 동선과 강렬한 색채를 통해 격정적으로 표현했다.

음악에서도 낭만주의가 확산되었다. 베토벤이 33세 때 작곡한 「영웅 교향곡」은 나폴레옹에게 헌사하기 위한 작품으로, 웅대한 구상과 강렬한 생명력이 용솟음치는 고전파 음악의 완성이자 베토벤이 낭만파 음악의 창시자가 되는 결정적인 곡이다. 다만, 베토벤은 영웅 나폴레옹이 부조리한 왕정을 무너트리고 스스로 또 다른 부조리의 상징인 황제가 되려는 것에 분개하여 헌사를 취소했다고 한다.

베토벤은 그 밖에도 고뇌, 투쟁, 비창, 승리 등의 자연스런 감정을 연상시키는 걸작들을 발표했다. 프랑스 혁명으로 베토벤의 후원자이던 귀족들이 몰락하자 베토벤의 말년도 순탄치 않았는데 그럴수록 표현의 강도도 강렬해져 낭만주의 경향이 더욱 두드러지게 나타나기도 했다.

교육과 과학, 꽃피다

교육이나 과학 분야도 눈부시게 발전했다. 절대주의 체제에서의 교육은 주로 사적으로 이루어지고 그래서 사교육을 받을 경제적 여유가 없는 대부분의 프랑스 사람들은 읽고 쓸 줄 몰랐다. 그러나 근대 부르주아 혁명을 거치면서 초중등 교육이 공교육으로 정비되기 시작했다.

프랑스의 경우, 1789년의 인권 선언이 기초 공교육의 주요한 계기가 되었다. 우선 인권 선언을 이해시키기 위해 글자 배우기가 이루어졌고, 인권 선언을 읽고 받아쓰는 교육을 통해 인권 선언이 보급되었다. 절대주의를 물리치고 공화국을 만든 프랑스에서는 인권을 사회가 공유할 핵심 가치의 하나로 삼은 것이다. 이를 계기로 사교육에 의존하던 기존의 교육 시스템은 공교육 중심으로 재편되기 시작했다.

인권 선언 교육은 읽고 쓰기 교육 같은 문맹 퇴치에만 그치지 않았다. 인권 선언은 입학시험에서도 주요한 기출문제였고, 고등 교육 기관, 예를 들면 오늘날의 이공대학의 전신인 토목 학교, 광산 학교, 의과대학의 전신인 의학교, 사범대학의 전신인 고등 사범 학교 등이 파리, 몽펠리에 등에 설치되어 인권 선언의 정신을 구현하고자 했다.

과학 분야에서는 카르노가 카르노사이클이라는 개념을 도입하여 열역학 제2법칙의 기초를 닦았으며, 몽즈는 미분법을 곡선, 곡면, 휜 거리 공간 등에 응용하여 미분기하학을 개척했다.

오늘날 사용하고 있는 각종 화학 용어의 아버지 라부아지에는 종래의 낡은 화학 용어들을 버리고 새로운 『화학명명법』을 만들어 출판했으며, 열역학의 기초를 닦았다.

봉건 체제의 끝 무렵에 나타난 절대주의 체제는 특권 신분과 비특권 신분으로 구성된 신분제 사회였다. 성직자와 귀족으로 대표되는 국민의 1퍼센트도 되지 않는 특권 신분은 높은 관직, 직업, 명예, 토지, 각종 부에 대한 배타적 권리, 즉 특권을 향유했다. 농노, 천민, 소상공인 등 국민의 절대다수를 차지하는 비특권 신분은 신분제라는 쇠사슬에 묶여 거주 이전의 자유와 직업 선택의 자유 같은 일반적 권리조차도 누리지 못했다.

그러나 근대 혁명은 모든 사람을 불가침의 인권 소유자로 규정하고 신분 제도를 부정하여, 모든 사람이 법 앞에서 평등하고 특권을 폐지한다고 규정했다.

군주 주권을 부정하고 국민 주권을 천명하여 봉건적 신분 제도와 특권이 폐지되었고, 재산권을 인권으로 보장함으로써 봉건적 소유 제도가 폐지되고 새로운 소유 제도가 수립되었다.

신분의 쇠사슬로부터 벗어난 비특권 계급, 특히 농노들은 봉건 영지로부터 벗어나 거주 이전의 자유를 향유할 수 있게 되었다. 그 결과 일자리를 찾아 도시로 몰려들기도 했으며, 직업은 신분에 의해 규정되는 것이 아니라 능력에 따라 선택할 수 있는 것으로 인식이 변하였다.

또 한편으로는 노예 제도도 폐지되었다. 16세기부터 19세기 중

토머스 페인 | 1772년에 부패를 비판하는 글을 발표해 세무서에서 해고당한 뒤 영국에서 미국으로 건너간 토머스 페인은, 1780년에 『노예 해방』을 발표해서 노예 무역을 비판했다. 1776년에는 『상식』을 써서 영국의 군주 제도를 비난했는데, 이 책은 사회적인 반향을 일으켜 미국 독립전쟁에 커다란 기여를 했다.

반에 걸친 약 200여 년 동안 최대 1억 5,000만 명의 아프리카 사람들이 노예 무역선에 실려 유럽 대륙과 북아메리카 대륙으로 팔려갔다. 토머스 페인은 식민지 모국인 유럽 대륙 및 식민지 북아메리카 대륙에서의 노예 제도의 실상을 보면서『노예 해방』이라는 저서를 낸 것으로도 유명하다. 토머스 페인은 수많은 아프리카 사람들이 수개월에 걸쳐 강제 이송되는 과정에서 병들어 죽고, 고통에 못 이겨 자살하는 비인간적인 모습을 보면서, 1780년에 출간한 이 책에서 '인간의 피부가 다른 것은 신의 창조에 의한 것에 지나지 않으므로, 인간이 그것을 이유로 차별해서는 안 된다'고 주장했다.

노예제를 가장 먼저 폐지한 것은 프랑스다. 혁명 직후 프랑스에서는 노예제 폐지 주장이 고양되었으며, 지금의 아이티 땅에 있던 프랑스 식민지에서는 프랑스 혁명 직후 반란을 일으키기도 했다. 북아메리카 대륙에 있는 프랑스 식민지에서는 독립 전쟁의 결과 식민지가 붕괴할 조짐을 보이자 1794년에 흑인 노예제를 아예 폐지하기도 했다. 그리고 피부색의 구별 없이 식민지에 거주하는 모든 사람은 프랑스 시민이며 헌법이 보장하는 모든 권리를 향유할 수 있다고 선언했다.

노예 무역의 중심지 영국에서도 노예제 폐지 운동이 활발해졌다. 1787년 5월에는 노예 무역 폐지 협회가 결성되었으며, 영국의 유력한 정치가 윌리엄 윌버포스는 노예제는 정의에 반하는 것이므로 노예 무역을 폐지할 것을 주장, 이에 관한 법안을 의회에 제출했다. 10전 11기 끝에 1807년에는 노예 무역 금지법이 영국 의회를 통과했다. 노예 무역은 금지되었으나 노예제 자체가 폐지된 것은 아니었고 1833년에 들어서야 노예제 폐지가 의회에서 결의되었다.

　아메리카 대륙이 식민지로 개발되면서부터 아메리카 대륙에서는 노예가 주요한 노동력이었다. 가장 많았을 때는 400만 명이 넘었다고 하니, 당시 미국 인구의 1/7에 해당할 정도였다. 미국의 독립 전쟁으로 곧바로 노예제가 폐지된 것은 아니었지만, 전쟁 후 북부의 일부 주를 시작으로 점차 노예제가 폐지되었다. 1808년 미국 정부는 노예 수입을 금지했으며, 1863년에는 링컨이 노예 해방을 선언했다. 1865년에는 미국 내의 모든 노예 제도를 폐지한다는 내용의 미 연방 헌법 제13조가 통과되었다.

정치의 목적은 인권

절대주의 체제에서 개인은 그저 지배의 대상일 뿐이었다. 정치는 국가와 군주를 위한 것이었다. 그러나 근대 혁명 이후 정치의 목적은 원칙적으로 인간의 천부적 권리를 확보하기 위한 것으로 변하였다. 프랑스 인권 선언 제16조에서는 인권이 보장되지 않고 이를 위한 권력 분립이 규정되지 아니한 사회는 헌법을 가진 것이라고 할 수 없다고 하여 정치와 권력의 목적이 인권의 보장에 있음을 천명했다.

절대주의 체제에서 국가와 군주를 위한 수단에 불과했던 개인이, 근대 혁명 이후에는 인권의 주체가 되었다. 국가 권력은 인권을 보장하기 위한 수단으로 정의되었으며, 개개인의 인권을 보장하는 것을 정치와 권력 그리고 권력 담당자의 목적이라 여겨 이와 같은 목적 달성을 위해 권력이 존재한다고 생각이 바뀌게 되었다. 주권 또는 통치권은 국민의 소유물이므로 주권을 현실적으로 담당하고 있는 자는 국민을 위해 주권을 행사해야 하며 자기 이익을 위해 행사해서는 안 된다는 것이다.

프랑스 혁명의 이론적 지도자 가운데 한 사람인 시이예스는 프랑스 혁명 전야인 1789년 1월에 출간된 『제3신분이란 무엇인가?』라는 유명한 저서에서 다음과 같이 강조했다. "새로이 수립될 체제는 국민대표제를 취하는데, 이때의 대표는 자기 고유의 권리로서 권력을 행사하는 대표가 아니라 타인 즉 국민을 위해 권력을 행사하는 대표이다".

자본주의로

근대 혁명의 결과 자본주의적 생산 양식이 본격적으로 전개되었다. 자본주의가 본격적으로 전개되기 위해서는 토지나 기계와 같은 생산 수단의 사유를 보장하고, 노동력을 포함한 상품의 자유로운 유통과 판매가 보장되어야 한다. 이를 위해서는 재산권, 노동의 자유, 영업의 자유, 거주 이전의 자유, 계약의 자유 등이 보장되어야 한다. 근대 시민 혁명과 근대 입헌주의 헌법은 이를 불가침의 인권으로 보장했다.

특히 프랑스 혁명은 자본주의 전개를 보다 확실하게 하기 위해 헌법과 법률로 다음과 같은 주목할 만한 대응을 하였다. 첫째, 헌법에는 재산권, 영업의 자유, 거주 이전의 자유, 신체의 자유 등을 인권으로 규정했다. 둘째, 화폐, 도량형, 언어를 통일하기 위해 지방 공공 단체(지방 자치 단체) 제도를 도입했는데, 지방 공공 단체에 대해서는 법률로써 임의로 규정할 수 있게 했다. 이는 봉건적 할거 체제를 부정하고 통일된 국내 시장을 창출하기 위한 것이었다.

국부론으로 유명한 애덤 스미스는 생산력의 증가는 분업에 기초하며, 분업은 시장의 크기에 따라 확대되거나 축소되며, 시장은 자유로운 상업에 의해 최대한 확대된다고 보았다. 따라서 자유로운 상업이야말로 생산력 증대를 가져온다는 것을 강조하고, 자유방임 체제야 말로 공장과 자본을 경쟁력 있게 한다고 했다.

이러한 문맥에서 보면 프랑스 혁명을 전형으로 하는 근대 혁명은 자본주의 전개를 확보하기 위한 사회 혁명이며, 근대적 의미의 헌법이야말로 그러한 수단이었다고 해도 과언이 아닐 것이다.

인권 보장의 그림자

19세기 중엽 프랑스 노동자는 평균 15시간을 일했다. 이 15시간에 1~2시간의 점심 식사 및 약간의 휴식 시간이 포함되어 있다고 하더라도 그렇게 되면 나머지 9시간에 일상적인 생활, 즉 잠자고 먹고 씻고 대소변 보고 출근하는 일을 다 해결해야 한다는 말인데 그러자면 고되고 벅차고 바쁜 생활을 할 수 밖에 없었을 것이다.

프랑스의 자본주의와 노동자 계급의 상태를 과학적으로 분석한 바 있는 꽁시데랑은 당시의 평균적 노동자의 모습을 다음과 같이 그렸다.

남성 노동자의 눈은 찌부러지고 누렇게 떴으며 볼에는 핏기가 없다. 얼굴

은 퀭하고 사지는 축 늘어져 있다. 여성 노동자도 질병은 필수고 애를 갖기
도 전에 빈혈증에 걸리는 것은 선택이다. 피부는 노인처럼 말라비틀어져
도무지 애를 낳을 수 있는 사람으로는 보이지 않는다.

우리나라 청소년들의 하루 일과, 즉 학교, 학원 및 각종 과외로
하루 평균 15시간 내외를 보내고 나머지 9시간에 잠자고 먹고 씻고
대소변 보고 등하교 하는 일을 다 해결해야 하는 현실과 비교해서 생
각하면, 얼마나 고되고 벅찬 하루인가 상상하기 어렵지 않다.

그나마 다행인 것은 오늘날 우리나라 청소년들은 공부라도 하면
서 15시간을 보내는데, 19세기 중엽의 청소년들은 15시간을 공장에
얽매어 있었다는 사실이다. 최저 임금과 최저 생계가 보장되지 않는
데도 먹고 살기 위해 청소년 노동이 노동 현장에 넘쳐났고, 공장주
도 값싼 노동력의 일환으로 청소년, 심지어 유소년 노동자를 부렸
다. 비레르메라는 의사는 유소년 및 청소년 노동에 대해 다음과 같
이 지적했다.

자세를 바꿀 수도 없을 만큼 비좁은 방에서 매일 16~17시간 서서 일하는
것은 노동이 아니라 고문이다. 영양실조에 걸려 퀭한 눈빛의 여섯이나 여
덟 살 나이의 아이들이 새벽 다섯 시에 먼 길을 걸어 공장에 나가서, 밤늦
은 시간에 집에 돌아와야 하는 처지인데, 그런 아이들에게 일정한 고문이
가해지고 있는 셈이다.

산업 혁명 시기의 아동 노동 | 열악한 환경에서 낮은 임금으로 착취당하는 아동들의 모습.
아동 사망률의 증가로 인해 평균 수명이 저하되었다.

  페노는 뮤르즈 시의 통계 조사를 인용해 그 비참함을 다음과 같이 지적했다. "공장 경영자와 대상인의 아이들은 태어나면 평균 28세의 수명을 갖지만, 직조공(기계로 천을 짜는 노동자)과 제사공(솜 따위로 실을 만드는 노동자)의 아이들은 28세의 반의반에도 미치지 못한다."

  1835년에는 임금이 극도로 낮았던 직조공과 단순 일용 노동자를 제외하고도 노동자의 평균 임금이 남자 2프랑(1프랑은 100상팀), 여자 1프랑, 8~12세의 아동은 45상팀, 13~16세의 아동은 75상팀이었다고 한다.

  당시 공업 도시에서는 부모와 어린이 두 명인 노동자 가정의 연간 필요 경비가 860프랑이었다고 한다. 아무리 절약한다고 해도 연간 760프랑이 최저 생계비였다. 그런데 이 760프랑은 노동자인 아버지가 일당 1.5프랑으로 연간 300일 노동을 해서 450프랑, 노동자인 어머니가 일당 90상팀으로 연간 200일을 노동해서 180프랑, 아동이 50상팀으로 연간 260일을 노동해서 130프랑을 받아와야 충족될 수 있는 돈이었다.

  하지만 문제는 주 수입원인 아버지가 연간 300일을 노동하는 것이 불가능했다는 것이다. 당시 남자 임금 노동자의 연간 노동 일수는 공업 및 농업을 평균하여 겨우 260일에 불과했고, 더구나 일용 계약직의 경우는 휴일에는 수입이 없고, 질병과 불경기로 손가락을 빠는 날이 더 많았다. 어머니와 아동은 최저 생계를 유지하기 위한 불가결한 노동력이었지만, 이들 모두가 동원되어 일년 내내 발버둥을

처도 최저 생계는 물론 생명을 유지하는 것조차도 위협받는 상태였다고 한다.

이러한 가혹한 원생적 노사 관계로 인해 평균 수명이 저하되었다. 나폴레옹이 전쟁을 했던 1806년에는 프랑스인의 평균 수명이 페노의 지적처럼 28세였다. 그러나 산업 혁명이 한창이던 1840년에는 전체 평균 수명이 20세로 곤두박질쳤다. 직조공과 제사공 등 저임금 장시간 노동자 및 그들의 자녀 사망률이 높아졌다는 이야기일 것이다. 꽁시데랑은 당시의 사정을 다음과 같이 이야기한다.

가난한 사람은 재능을 펼쳐 보일 길이 없다. 아이들은 교육을 받을 기회가 없기 때문에 사람 모습을 하고서도 개나 돼지처럼 살고 있다. 사람들은 배고파 죽는 것이 두려워서 일터로 나간다. 노동은 (기쁨이 아니라) 힘들고도 힘든 그저 일에 불과하다. 노동자 계급은 병으로 몸뚱어리가 썩어 문드러져 죽어갈 때까지 일한다. 상류 계급의 그럴싸한 한 끼 식사와 호화스런 향락을 위해 공장에서는 논밭의 소나 말처럼 혹사당하고 허리가 구부정해진 사람들의 무리가 있는데 이들이 바로 노동자 계급이다.

사태를 방치하는 1%만의 정부

정부는 이와 같은 노동자의 상태를 방치하거나 오히려 법적으로 인정하는 것이 고작이었다. '계약의 자유'를 중심으로 하는 경제 활동의 자유를 보장하기 위해서는 어쩔 수 없다는 식이었다.

　나폴레옹 민법전은 계약의 자유를 보장하기 위해 체결된 계약에 법적 구속력을 인정하였을 뿐만 아니라 임금을 둘러싼 노사 분쟁 시 사용자에게 유리한 입증 제도마저 인정했다. 뿐만 아니라 노동자의 단결과 쟁의 행위를 아예 금지했다. 노동자들은 노동 조건을 유지하거나 개선하기 위하여 노동조합을 만들 수도 이를 통하여 노동 조건을 교섭할 수도 없었다.

　'1791년 6월 14일 법'(일명 르 샤플리에법)은 노동자와 사용자 모두에게 일시적이건 영속적이건 간에 단결을 해서는 안 되고 단결하는 경우에는 오히려 형벌을 부가하도록 했다. '1803년 4월 2일 법'은 르 샤플리에법의 단결 금지를 확인했을 뿐만 아니라 노동자가 이를 위반할 경우에 형사 처분을 강화했다. '1810년 2월 22일 법'(나폴레옹 형법)은 쟁의를 위한 일시적 단결에 대한 노사 간 차별을 허용했고, 노동조합과 같은 영속적 단결 조직을 만드는 것을 아예 금지했다.

　나폴레옹 형법전은 쟁의를 위한 일시적 단결권 행사에 대해 다음과 같이 규정한다. 즉 사용자가 "임금 인하를 위해 사용자끼리 일시적으로 단결하려고 하거나 단결 행동을 시작한 경우 6개월에서 1개월의 금고 및 200프랑에서 300프랑의 벌금에 처한다"(제44조)고 규정하고, "노동자가 임금 인상을 위해 일시적으로 단결하려고 하거나 단결 행동을 시작한 경우 최저 1개월에서 최고 3개월의 금고에 처한다", "주모자와 추진자는 2년부터 5년의 금고에 처한다"(제415조)고 규정했다. 이와 같은 형법전에 의한 규제는 '1864년 5월 25일법' 및 '1884년 3월 21일 법'으로 쟁의를 위한 일시적 단결권 및 영속적 단결권이 인정될 때까지 계속되었다.

영국에서도 이와 같은 규제 방식을 취하다가 '1824~5년 법률'로 '1799~1800년 법률'(단결 금지법)을 폐지했다. 미국에서도 1842년에 연방 대법원 판결로 쟁의권이 인정되었다.

노동자에게는 선거권도 인정하지 않았다. 인권 선언의 모국 프랑스에서조차도 19세기 전반까지 제한 선거 제도를 취하고 있었다. 그러므로 노동자는 선거권 행사를 통해 열악한 노동 조건과 생활 조건을 개선할 수 있는 여지마저도 없었다.

여자는 사람도 아니다?

근대적 의미의 헌법에서도 여성은 사람대접을 못 받았다. 여성은 청소년과 마찬가지로 무능력자였다. 혼자서는 매매나 임대차 등의 법률 행위를 할 수 없는 자로 간주되어 처의 법률 행위에는 남편의 동의가 원칙적으로 필요했으며, 남편은 처를 보호해야 하며 처는 남편에 복종해야 한다고 구체적으로 명시했다(1804년 나폴레옹 민법전).

나폴레옹 형법전(1810년)에서도 여성을 차별했다. 예를 들어, 처의 간통에 대해서는 3개월부터 2년의 금고형을 규정한 데 비해 남편의 간통에 대해서는 100프랑에서 2,000프랑의 벌금에 그치고 있으며, 그것도 간통 상대를 집에 끌어들인 경우에 한정해 적용할 것을 규정하고 있었다.

이처럼 성차별이 존속했던 이유는 근대 초기의 헌법이 법 앞의 평등을 규정하면서도 성차별 금지를 명문으로 규정하지 않은 데 일차적인 원인이 있다. 또한 법 앞의 평등에도 불구하고 성차별은 합리적인 차별로 간주된 데에 이차적인 원인이 있다.

남성에 비해 여성은 임신, 출산, 체력 등의 자연적 특성으로

처형당하는 올랭프 드 구즈 | 여성에게도 남성과 동등한 권리가 있음을 주장하던 올랭프 드 구즈는, 결국 시대의 벽을 넘지 못하고 단두대의 이슬로 사라졌다.

인해 불평등할 수밖에 없으며(이른바 자연적 남녀 불평등론), 그에 기초하여 육아, 가사 등의 집안일은 여성 고유의 일이고 바깥일은 남성 몫이라고 하는 이른바 성 역할 분담론도 여성을 차별하는 데 일조했다. 이와 같은 성차별 정당화론은 유감스럽게도 근대 사회에서 일반

적으로 통용되고 말았다.

근대적인 인권 선언의 결정판이라고 할 수 있는 1789년 프랑스 인권 선언도 마찬가지였다. 여성주의적 법학을 하는 사람(페미니스트)들은 1789년 프랑스 인권 선언의 정식 이름인 "Déclaration des droits de l'homme et du citoyen"과 결부시켜 이것은 보편적 인간의 권리에 대한 선언이 아니라 '남성과 남성 시민의 권리 선언'에 불과하다고 혹평하기도 한다. 그도 그럴 것이 프랑스어의 homme라는 어휘는 영어의 man과 마찬가지로 인간을 의미함과 동시에 남성을 의미한다. citoyen 또한 시민 일반을 의미하나 남성 시민을 의미하기도 한다. 여성 시민을 의미하는 어휘로는 citoyenne가 따로 있다.

이러한 현실 등을 고려해 올랭프 드 구즈라는 여성은 1791년 '여성과 여성 시민의 권리 선언'을 발표했다. 1789년의 인권 선언이 남성의 권리 선언이라고 비판하고, '여성과 여성 시민'에게도 '남성과 남성 시민'과 평등한 권리 보장을 요구했다. "여성은 권리에 있어 자유롭고 남성과 평등하게 태어나고 존재한다"(제1조), "모든 여성 시민과 남성 시민은 스스로 또는 그 대표를 통하여 법률 형성에 협력할 권리를 가지고 있다"(제6조)고 했다.

1퍼센트의 남성만을 위한 인권조차도 사실은 자유권 중심이었다. 자유권이란 인간은 신체의 자유, 양심의 자유와 같은 자유를 태어날 때부터 가지고 태어나며 이러한 자유를 간섭하는 주범이 국가 권력이고 따라서 국가 권력이 이 천부적 자유를 침해하지 못하도록 요구할 수 있는 권리이다. 이를 교과서 등의 격식 있는 표현을 빌리면 인권이란 공권, 즉 국가에 대한 권리이다. 이를 풀어 쓰면 인권이란 '국가 권력에 의한 자유 침해에 대한 간섭 배제 요청권' 이다.

이러한 자유권으로서는 계약의 자유, 영업의 자유, 거주 이전의 자유와 같은 경제적 활동의 자유, 생명권, 신체의 자유와 같은 인신의 자유, 사생활의 비밀과 자유(이른바 프라이버시권), 주거의 자유, 통신의 자유와 같은 사생활과 관련된 자유, 사상의 자유, 양심의 자유, 신앙의 자유와 같은 내심의 자유, 언론·출판·집회·결사의 자유, 학문과 예술의 자유와 같은 표현의 자유, 선거권·공무 담임권과 같은 정치적 자유 등으로 분류할 수 있다.

오늘날과 같은 각종 사회권 예를 들어 인간답게 생활을 할 권리, 사회 보장 수급권, 교육을 받을 권리와 같은 사회권은 20세기에 들어서서 헌법에 명문화되었고, 결국 근대적 의미의 헌법은 이와 같은 자유권 중심의 인권 보장 체제였다.

평등권은 규정되었으나 형식적 평등의 보장에 그쳤다. 1789년 프랑스 인권 선언에서는 "평등이란 법률이 보호를 부여하는 경우나 처벌을 가하는 경우 모든 사람에게 동일한 것이어야 한다"(제6조)고 규정했는데, 이는 법률 내용의 일반성 · 추상성을 보장하여 권력에 의한 특권적 처우나 차별적 처우를 부정하려는 것이었다.

그러나 그것은 이미 현실적으로 각 국민 간에 존재하는 사회 · 경제적 격차와 그로 인한 불평등한 자유권 현실을 적극적으로 시정하려고 했던 것은 아니었다. 평등이라는 것이 같은 것은 같게 다른 것은 다르게 취급하라는 것인데, 이를 조세에 적용하면 '능력에 따라 조세를 부담시키는 것'이 된다. 그런데 능력에 따른 과세에도 두 가지 종류가 있다. 능력에 따라 같은 비율로 조세를 부과하는 방법과 능력에 따라 능력 있는 자에게는 누진하여 조세를 부과하는 방법이 있을 것이다. 전자는 같은 비율로 조세를 부과하는 것에 중점을 두고, 후자는 능력에 따라 실질적 부담이 비례하도록 부과하는 데 중점을 둔다. 전자를 형식적 조세 평등이라 할 것이고 후자는 실질적인 조세 평등이라고 할 것인데, 근대 초기에는 전자에 머물렀다.

평등권과 관련해서도 오늘날에는 실질적 평등뿐만 아니라, 남녀 불평등, 흑백 인종 간 불평등처럼 차별이 구조화된 경우에는 이러한 구조화된 차별의 시정을 위한 역차별 정책의 실시(차별 시정을 위한 잠정적 우대 조치)도 마다하지 않는 실정이다. 이에 비하면 이 당시에는 형식적 평등 보장에 머물러 있었다.

참정권은 근대 초기에는 원칙적으로 제한된 사람에게만 부여했다. 오늘날은 일정한 연령에 도달한 사람이라면 빈부귀천, 교양의 유무에 관계없이 선거권을 부여하는 보통 선거의 원칙에 따라 선거권이 행사되는데, 이 시절에는 일정한 납세 능력과 교양을 구비한 사람들에게만 선거권과 피선거권을 인정했다. 이러한 이유로 마르크스는 근대 혁명을 부르주아 혁명이라고 부르고 부르주아 헌법, 부르주아 인권 체제라고 규정하기도 한다.

물론 1789년 프랑스 인권 선언과 미국의 독립 선언 등은 모든 국민에게 선거권 등을 인정하는 듯한 내용을 가지고 있다. 그러나 국민 일반에게 선거권이 실질적으로 부여된 것은 20세기 중엽에 들어서였다.

프랑스에서는 국가란 거대한 주식회사와 같은 것으로 직접세를 납부하고 있는 사람만이 정치에 참가하는 자격을 갖는 진정한 국민이라고 생각했다. 이러한 생각은 납세자 주주론이나 민중 무능력론에 근거하고 있었다. 민중 무능력론이란 민중은 매일 매일의 식량을 마련하는 일에 쫓겨 "프랑스를 지배하는 법률의 제정에 관여할 만한 교육도 여가도 갖추고 있지 않다"고 하는 보통 사람들을 무시하는 논리이다.

코뮌과 인권

1893년 벨기에. 단스 신부는 작은 공업 도시 알스트에 부임한다. 부임하는 날, 배고픈 아이들이 도둑질을 하고, '버찌 젖꼭지 니니'가 임신한 채 얼어 죽은 현장을 목격한다. 알스트에 부임한 정부의 근로 조건 조사단에게 소녀 네테는 고발한다. "우리는 동물 취급 당하고 있어요." 하지만 조사단은 이를 외면한다. 단스는 주님의 뜻에 따라 노동자의 편에 서기로 마음먹는다. 비인간적인 노동 조건을 개선하고자 기존 체제와 싸운다.

그러나 주교는 '이 사회에 불평등이나 인권 유린이 있다면 그것은 하느님의 뜻이지 우리가 나설 일이 아니다'고 한다. 빈민들의 고통을 덜어 주리라 마음먹은 단스 신부에게는 오히려 강론을 금지한다.

단스는 번개 강론을 통해 이야기한다. 빵 다섯 개와 두 마리의 생선으로 5,000명을 배불리 먹인 기적을. 그리고 호소한다. "지위, 계

실존 인물인 아돌프 단스의 삶을 다룬 영화 「단스」의 한 장면

층의 편견 없이 나누는 것이 우리의 의무라고 주님이 가르치셨는데, 가난한 자와 함께 하는 것을 벨기에 부유층들은 왜 의무라고 생각하지 않는가? 사람들은 외치고 있습니다. 배고프다고!" 그리고 주장한다. "어째서 가난한 이의 투표는 부자의 투표보다 가치가 없나요. 누구는 착하고 누구는 나쁘다, 누구는 투표할 수 있고, 누구는 못한다." 그러자 부유층들은 경악한다. "믿을 수 없군, 보통 선거권 강론이잖아"라고.

인권을 문서화하고, 정치의 목적을 인권을 위한 것으로 바꾼 프랑스 혁명. 그러나 장시간 노동과 기아선상의 임금, 평균 수명 20세 시대로의 추락, 여성을 무능력자 취급하는 헌법 체제, 국민의 1퍼센트만 편안한 프랑스 혁명 이후의 사회는 프랑스 혁명에 대한 비판적 성찰을 불러일으켰다. "무엇을 위한 프랑스 혁명이었던가", "제2의 프랑스 혁명이 필요하지 않은가"라는 각성이었다.

특히 자본주의가 본격적으로 전개되면서 국민의 대다수를 차지하게 된 노동자 계급의 자괴감과 회의는 더욱 심했다. 헌법에는 분명히 개개인의 인권은 침해할 수 없으며, 인간은 존엄하다는 정신을 천명하고 있으면서도 실제로 사회 현실과 노동자들의 실태는 그렇지 못했다. 예전에는 국가 권력이 무서워 인권이 침해되더라도 쉬쉬하고 살았으나 이제는 기업에서 해고당하는 것이 무서워 인권이 침해되더라도 다시 쉬쉬하고 살 수밖에 없는 현실이 새롭게 전개되고 있었던 것이다. 재산권은 소수의 상공인들을 위한 인권이며, 신체의 자유에 대한 절대 권력에 의한 국가적 강제는 완화되었으나 노동력의 제공과 그 반대급부인 임금으로 살아야 하는 노동자 계급으로서는 경제 권력에 의한 경제적 강제에 맞닥뜨리게 되었다. 계약임에도 불구하고 일방적으로 정해진 계약에 따라 고용주가 시키면 시키는 대로 일하고 하지 말라고 하면 못하는 생활이 이어졌다.

파리 코뮌 | 비록 실패로 끝났지만, 노동자 계급에 의한 최초의 자치 정부라는 역사적인 평가를
받는다.

　　머리를 조아려도 좋으니 일자리라도 있는 사람은 차라리 행복한
편이었다. 1848년 2월 혁명 후 실업 구제를 위한 국영 작업소를 설
치했던 임시 정부는 재정 부담에 직면하여 6월에는 이마저도 폐지
했다. 노동자 계급을 중심으로 한 파리의 민중은 "굶어 죽는 것보다
차라리 총탄에 맞아 죽기를 원한다"는 슬로건을 내걸고 파리 동부
지구에 바리케이드를 치고 국영 작업소 폐지에 저항했다. 1848년 6
월 무렵에는 바리케이드를 치고 저항하다 3,000여 명이 사망하고

5,000여 명이 부상당하고 2만 5,000여 명이 체포되었다고 한다. 처형된 사람은 1,500여 명에 이르고 유배형에 처해진 사람만도 최소 4,000여 명을 넘어섰다고 한다. 장 롬은 『19세기 프랑스 사회시론 : 권좌에 앉은 대부르주아』라는 책에서 당시의 상황을 다음과 같이 묘사하고 있다.

> 6월에 여러 계급이 동맹해서 그들(대부르주아)에게 대항했다. 이런 상황은 프랑스 역사에서 예전에는 결코 일어나지 않았던 일이다. 한 계급의 고립이 필연적이고 또 그 특수성이 계급 의식의 탄생에 필요한 요소를 구성한다면, 우리들은 1848년 6월 비로소 노동자 계급이라는 계급 의식-프롤레타리아라는 이름을 부여하는 것이 가능하다고 할 것이다.

하나의 계급으로서의 의식을 몸에 익힌 노동자들은 직장에서는 노동 조건을 개선하기 위한 투쟁을 전개했을 뿐만 아니라 1860년대에는 노동 계급의 해방을 요구하며 정치의 장에 본격적으로 뛰어들었다. 1864년에는 '60인 선언'을 통해 혁명 후의 프랑스 사회가 국민 주권을 표방하면서도 국민이 주권을 실제로 행사할 수 없는 말뿐인 국민 주권에 불과하다고 그 허구성을 폭로했다. 1869년의 베르뷔르 강령★에서는 국민에게 주권이 있다고 한 이상 국민이 실제로 대표를 뽑고, 뽑은 대표를 사후적으로도 통제할 수 있어야 한다고 주장하고 이것이야 말로 진정한 국민 주권이라고 주장했다.

1848년에 나온 '공산당 선언'에서는 장시간 저임금 노동 등과 같은 프랑스의 열악한 인권 실태를 탈출하는 방법으로 사회주의를 제시했다. 그러나 사회주의 혁명의 필연성과 방법, 경로에 대한 구체적인 제시에까지 이른 것은 아니었다.

타협을 넘어 혁명으로

노동자들의 장시간 저임금 실태, 광범위한 하층민들의 열악한 경제 상태로 1860년대 프랑스의 민심은 더 이상 내려갈 곳이 없는 밑바닥을 달리고 있었다. 여기에 비스마르크 치하의 프로이센이 1870년 7월 프랑스를 도발하고 여기에서 지리멸렬 프랑스가 패배하자 프랑스 민중의 궁핍한 처지는 이루 헤아릴 수 없이 비참했다.

전국 각지에서 봉기가 일어났는데 특히 파리에서는 봉기가 급진화하여 1871년 3월 18일부터 5월 28일까지 두 달에 걸쳐 파리를 아예 해방구로 만들고 정부를 선포한 사건이 발생했다. 혁명군은 인민의회(코뮌)에 의한 정치를 선언하고 군사, 재정, 식량, 노동, 교육, 외교, 사법 등 9개의 위원회를 설치했으며, 노동자, 중산층, 자영업자들로 구성된 인민에 의한 자주 관리 체제를 정비했다.

비록 두 달에 걸친 짧은 기간이었지만 1789년 프랑스 혁명을 넘어서기 위해 '프랑스 인민에 대한 선언'을 중심으로 새로운 인권 보장과 이를 위한 권력 형태를 천명했다. 이에 따르면 새로운 정부는 입법권과 집행권을 동시에 담당하는 새로운 형태의 혁명 정부인 코뮌(의회)이 담당하며, 모든 단계의 코뮌 사법관 또는 공무원은 선거와 경쟁시험을 통해 책임 있게 선출하되 파면권과 같은 사후 통제권을 인민이 갖도록 했다. 생산 수단을 만인이 소유할 수 있도록 소유 방식을 변혁하며, 공장주가 방기한 공장의 경우 노동조합이 이를 자주적으로 관리하며, 노동자들의 최저 생활을 보장하도록 했다. 그리고 징병제와 상비군을 폐지하는 대신 필요로 하는 최소한의 인민에 의한 군대를 설치한다는 등의 강령을 제시했다.

오늘날의 헌법에서 볼 수 있는 인간다운 생활을 할 권리와 같은 사회권은 명문으로 보이지 않고, '생산 교환과 신용을 발전시켜 당면 문제를 해결하고 권력과 재산을 만인이 소유하기에 적합한 제도를 창설'하면 인간다운 생활이 보장된다고 생각했다. 이는 자본주의 경제 체제를 근본적으로 개혁해야 민중의 생활이 질적으로 개선될 것으로 보았기 때문이다.

하지만 실질적인 인권 보장과 자본주의 경제 체제에 대한 개혁을 제대로 시도하기도 전에 파리 코뮌은 진압되었다. 맥마흔이 지휘하는 프랑스 정부군은 침략자 프로이센과 도리어 결탁하여 5월 21일 파리로 진격했고, 혁명 정부는 '피의 일주일'이라고 불리는 시가전 끝에 붕괴되었다. 3만여 명의 민중이 목숨을 잃었으며 수많은 사람이 처형당하거나 유배당했다.

비록 실패한 혁명이었지만 파리 코뮌에는 1800년대 후반 프랑스의 일반 민중들의 시대적 요구가 담겨 있었다. 뿐만 아니라 유럽 전역에 걸친 경제적 불평등과 형식적으로만 다루어지던 인권의 문제를 본격적으로 다룬 거대한 사회적 실험이었다. 1871년 3월 27일 선언에서 파리 코뮌은 "비참한 임금 제도나 빈곤과 영원히 결별하고 피비린내 나는 내란의 재현을 영원히 피하기 위해, 생산자에게 자본, 노동 수단, 판로 및 신용을 제공하기에 가장 적당한 방법을 끊임없이 검토"할 것을 천명했다. 노동자 계급을 중심으로 하는 민중의 국가와 민중의 인권에 복무하는 국가를 꿈꾸었던 것이다.

바이마르 헌법과 인권

저임금 장시간 노동 상태, 무늬뿐인 인권 선언에 대한 사회적 불만은 1870년대의 프랑스에만 국한된 상황은 아니었다. 후발 자본주의 국가인 독일의 경우도 마찬가지였다. 독일의 경우 자본주의 발전의 후발성으로 인해 자본이 국가와 결탁한 탓에 노동자의 근로 상태, 인권 상태는 오히려 더 열악했다. 게다가 전쟁은 강제 징용과 강제 세금 징수를 불러 일으켰는데 그렇지 않아도 어려운 민중들의 삶을 더욱 어렵게 만들었다. 제1차 세계대전 중 독일 민중들의 어려운 삶이 바로 그런 것이었다.

급기야 제1차 세계대전 말기인 1918년 11월 9일에는 독일 북부의 항구 도시 킬에서 수병들을 중심으로 한 노병 평의회에 의한 폭동

바이마르 공화국 의회 | 1918년의 혁명 결과로 성립된 바이마르 공화국은 33년 히틀러의 나치 정권 수립으로 소멸되었다.

이 발생했다. 폭동은 우발적인 감정에 의한 일시적인 것이 아니라 그동안 독일 사회에 누적된 경제적 피폐와 실정에 기초한 것이어서 금세 독일 전역으로 번져 나갔다. 킬에서 시작된 민중 혁명은 결국 독일제국 황제 빌헬름 2세를 폐위시켰고 정부는 혁명 세력에 항복했다.

붕괴된 정부의 재건 책임은 비록 분열되기는 했으나 사회 민주 세력의 몫이었다. 1918년 사회 민주당의 당수 에베르트가 수상으로 취임했고, 노병 평의회 전국 대회에서는 새로운 헌법을 제정하기로 결의했다. 1919년에 열린 총선에서 사회 민주당은 다수당이 되었으나 절대다수당이 되지 못한 관계로 중앙당, 민주당 같은 중도 세력과 연립하여 정권을 수립하고 바이마르에서 의회를 소집했다. 같은 해 7월 휴고 프로이스 등이 기초한 바이마르 헌법이 격론 끝에 가결되었다. 바이마르 헌법은 프랑스는 물론 이전의 어떤 독일 헌법에서도 볼 수 없었던 다음과 같은 새로운 조항을 담고 있었다.

제153조 재산권은 헌법에 의해 보장된다. 그 내용 및 한계는 법률로 정한다. 공용 수용은 공공의 복지를 위해 법률에 의거해서만 이를 행할 수 있다. …… 재산권은 의무를 동반한다. 그 행사는 공공복리에 이바지하여야 한다.

제155조 토지의 분배 및 이용은 국가가 이를 감독하고, 남용을 방지한다.

제156조 법률에 따른 보상에 기초하여 공용 수용에 적용되는 규정을 준용하여 사회화에 적합한 사적 경제적 기업을 공동 소유화할 수 있다.

제159조 노동 조건 및 경제적 조건을 유지하고 촉진하기 위한 단결의 자유는 누구에 대해서든 어느 직업에 대해서든 보장된다. 이를 제한하고 이를 방해하려는 일체의 합의 및 조치는 위법이다.

제161조 건강과 노동 능력을 유지하기 위해, 모성을 보호하기 위해, 노령 및 병약 등에 따른 경제적 귀결에 대비하기 위해, 포괄적 보험 제도를 창설한다.

소유권을 인정하고 이를 남용할 수 없도록 법률로 제한할 것이 아니라 이번에 아예 국가 소유로 전환하고 이를 통해 부의 불평등을 해소해야 한다고 주장하던 독일 공산당, 스파르타쿠스 등의 급진 정치 세력에게 바이마르 헌법은 뜨뜻미지근한 헌법에 불과했다.

그러나 생산 수단을 전횡하고 부를 누렸던 부르주아 계급의 입장에서는 바이마르 헌법이 요즘 말로 치면 빨갱이 헌법이었다. 생산 수단에 대한 소유권의 행사에는 의무가 동반되며 공공복리에 적합해야 한다는 말은 곧 소유권의 절대성이 부인된다는 말이었고, 법률로 제한할 수 있다는 말은 법이 어떻게 제정되는가에 따라서는 엄청난 규제가 수반되기 때문이었다. 더구나 기업을 사회화하여 공동 소유할 수 있다는 대목에 이르게 되면 온몸에 경기를 느끼고 까무러칠 정도였을 것이다.

이런 측면 때문에 바이마르헌법은 사회경제적 약자들로부터는 호평을 받았고, 그렇지 않은 사회경제적 강자들로부터는 오히려 혹평을 당하기도 했다.

사회권도 인권이다

그러나 바이마르 헌법은 인권의 역사에서 아주 중요한 의미를 갖는다. 우선 노동 삼권(단결권, 단체 교섭권, 단체 행동권)의 핵심인 단결권이 헌법상 권리로 인정되었다. 노동조합을 만드는 것이 더 이상 불법이 아니라는 것이 헌법에 문서로 보장되었다. 근대적인 의미의 헌법을 운용한 프랑스는 물론 독일 등에서도 '르 샤플리에법'과 같이 단결을 금지하고, 노동조합을 만들면 형사 처분하는 법률이 있었다. 이에 비하면 이제 단결권의 행사는 불법이 아닐 뿐만 아니라 인권이 된 것이다. 단결권이 인권이 되었다는 것은 노동조합을 만들었다고 하여 불이익을 주지 않겠다는 것인데, 노동조합 활동으로 인한 민사상·형사상의 책임을 헌법적으로 면책★하겠다는 의미였다.

바이마르 헌법 제161조에서와 같이 헌법에서 사회 보험 제도의 창설을 규정함으로써 사회 보장 수급권 역시 헌법상의 권리로 발돋움하게 되었다. 사회 보장 수급권이란 인권 주체로서의 개개인이 현실적인 사회 보장 급여를 국가에 청구할 수 있는 권리를 말하는데 사회 보험 수급권, 공공 부조 청구권, 사회 보상 청구권, 사회 복지 청구권 등으로 구성된다. 공공 부조 청구권이란 생활 불능 상태에 있거나 생계 유지가 곤란한 사람에게 국가가 최저

★ 그렇다고 하여 모든 노조 활동, 예를 들면 폭력적이고 불법적인 노조 활동까지 모두 용인하겠다는 것은 아니다. 헌법상 인권으로 인정하되 그 제한에 대해서는 노동 관계법에서 정할 수 있을 것이다. 다만 어디까지가 헌법이 용인하는 합법적인 노조 활동인가에 대해서는 다툼이 있는 것도 사실이다. 우리나라의 경우 노동 관계법에서 합법적인 노조 활동의 폭을 좁히고 있어 위법한 노조 활동이 상대적으로 많은 편인데, 여기에 전근대적인 노사 관리 관행까지 겹쳐서 노조 전임자나 노조에 막대하고 강력한 민·형사상의 책임까지 지우는 사례가 빈발하여 ILO 등 국제 노동 기구로부터 비판을 받기도 한다.

생활에 필요한 비용을 지급하는 제도를 말하고 우리나라의 경우 국민 기초 생활 보장법이 이를 뒷받침하는 법률이다. 사회 보험 수급권이란 의료 보험처럼 사회 경제적 약자 또는 사회 구성원 모두에게 인간다운 생활을 위협받을 정도의 질병, 상해, 사망 기타 상당한 재산상 부담이 되는 사고가 발생한 경우, 그 위험 부담을 국가적인 보험 기술을 통해 다수인에게 분산시킴으로써 경제적 약자의 인간다운 생활을 보장하는 권리이다.

바이마르 헌법 제161조는 오늘날 당연시 되고 있는 사회 보험 제도를 비롯한 사회 보장 수급권이 헌법상의 권리로 처음 등재되는 역사적인 헌법이기도 했다. 또한 바이마르 헌법은 소유권의 절대성을 부인하고 소유권이 상대적이라는 것을 헌법에 명문화한 최초의 헌법이다. 1850년 프로이센 헌법 제9조가 '소유권은 불가침이다' 라고 못을 박은 것에 비하면, 바이마르 헌법 제153조는 소유권의 역사에도 길이 남을 획기적인 조항이 아닐 수 없다. 심지어 1789년 프랑스 인권 선언에서조차도 재산권의 신성불가침성을 선언한 것(제17조)으로 유명한데, 바이마르 헌법에서는 이와는 대조적으로 재산권의 신성불가침을 부인하고, 소유권이 의무를 동반한다는 점, 공공의 선에 도움을 주어야 한다고 규정하고 있으니 획기적인 사건이 아닐 수 없다.

바이마르 헌법이 이러한 재산권 행사의 공공복리 적합성, 토지 공개념(제155조) 등을 내세운 것은 사회권을 인권이라고 규정한 것과도 밀접한 연관이 있다. 재산권의 남용이 경제적인 불평등을 야기하고 사회 경제적 약자를 양산했던 것이므로, 사회 경제적인 약자의 권리인 사회권을 강화하기 위해서도 재산권의 공공복리 적합성이 강조되지 않으면 안 될 것이다.

사회주의와 인권

노동자의 인권 선언

장시간 저임금 노동, 열악한 인권 환경에 대한 개선 노력은 러시아에도 있었다. 독일에서보다도 훨씬 더 치열한 형태로 전개되었다. 다름 아닌 러시아 사회주의 혁명이다.

후발 자본주의 국가인 러시아에서 민중의 인권 상태는 프랑스나 독일보다 훨씬 더 열악했다. 게다가 제1차 세계대전이 진행 중이던 1914년 이후 러시아는 전쟁 수행을 원활히 하기 위해 경제를 동원하고 각종 규제를 강화하고 있었다. 그 결과 러시아 자본주의 경제 체제가 더욱 독점화되고 국가 독점화되는 경향이 강해졌다. 하지만 강화되는 전쟁 동원 경제, 국가 독점화되는 자본주의 체제에서 대다수 노동자의 권리 상태는 더욱 악화되었다.

러시아 혁명 시기를 배경으로 한 영화 「닥터 지바고」의 한 장면

또한 러시아의 자본주의는 선발 자본주의 국가와 달리 농촌 경제가 매우 후진적이었다. 러시아의 귀족들은 농촌의 사적 소유 토지의 61.9퍼센트를 차지했고, 농민들은 토지 부족과 높은 지대로 고생했다. 열심히 일해도 생활은 고단하고 궁핍했다. 나아가 러시아는 자치를 요구하는 100여 개가 넘는 소수 민족들로 구성되어 있었고 이

를 차르의 엄혹한 통치에 의해 무마하고 있는 실정이었다.

　이상과 같은 봉건적, 자본주의적, 민족적 억압은 차르 체제의 정치적 전제와 결합하여 민중들을 견디기 어려운 착취와 무권리 상태에 빠트렸다. 20세기 초의 러시아는 세계 제국주의의 모순이 집약된 곳이자, 제국주의 사슬의 가장 취약한 고리로 일촉즉발의 혁명적 상황에 놓여 있었다. 이것이 두 번에 걸친 연속 혁명으로 이어졌다.

　우선 1917년 2월에 1차 혁명이 일어나 차르의 전제 정치가 타도되고 부르주아 임시 정부가 수립되었다. 그러나 임시 정부는 노동하고 착취당하던 사회 세력의 대표 격인 노동자·농민 계급의 정치적 요구와 인권에 대한 요구를 제대로 수렴하지 못했다. 반면에 차르 전제 정치와 투쟁하는 과정에서 노동자·농민 등의 정치적 역량과 세력은 전국적으로 확대되었다. 노동자·병사 대표 소비에트, 농민 대표 소비에트가 전국적으로 조직되고 노동조합과 공장 위원회, 노동자 민병대와 적위대 등이 출현했다. 결국 1917년 10월 레닌을 필두로 하는 볼셰비키 조직이 프롤레타리아 혁명을 선언하고 혁명 위원회를 선포하면서 러시아 사회주의 혁명이 시작되어 1918년 3월에 이르러서는 주요 도시가 소비에트의 지배를 받게 되었다.

　1917년 10월 사회주의 혁명의 결과 공산당은 지배 정당이 되고 지금까지 억압받고 착취당하던 노동자 계급은 지배 계급이 되었다. 지배 계급이 된 노동자 계급은 1918년 1월 18일 제3회 전 러시아 노동자·병사·농민 대의원 소비에트 대회에서 '노동 인민의 인권 선언'을 했다. 정식 명칭은 '노동하고 착취당하고 있는 인민의 권리 선언'이며, 1789년 프랑스 인권 선언과 대비하여 사회주의 인권 선언 또는 1918년 러시아 인권 선언이라고 불리기도 한다. 이 '노동 인민의 인권 선언'은 1789년 프랑스 혁명 후의 인권 선언과 여러 가지 측면에서 대조적이었다.

첫째, 1789년 프랑스 인권 선언이 권력을 분립하지 않은 사회는 헌법을 갖지 않은 것과 마찬가지라고 한 것에 대해, 1918년 러시아 인권 선언은 러시아는 소비에트 공화국이며 모든 권력은 권력 집중제의 소비에트 권력에 속한다고 하고 있다.

일반적으로 근대 이후 인권 보장의 유일한 방법은 권력 분립이라고 생각되는 경향이 있다. 그러나 사실 근대 이후 인권 및 정치사상가들의 인권 보장에 대한 고민을 살펴보면, 크게 두 가지 부류의 인권 보장 방식에 대한 고민이 있었음을 알 수 있다. 로크나 몽테스키외 같은 정치사상가들은 권력 분립을 통해 권력 남용을 방지할 수 있으며 권력 남용의 방지에 의해 인권이 보장된다고 생각했다. 반면에 루소의 경우는 권력의 민주화를 통해 권력 남용을 방지할 수 있으며 민주적으로 통제될 수 있는 권력에게는 권력을 집중시킬 수 있다고 생각했다. 전자와 같은 고민은 일반적으로 프랑스, 미국, 독일 등과 같이 자본주의 국가의 헌법에서 채택되었고, 후자의 경우는 파리 코뮌을 거쳐 일반적으로 사회주의 국가의 헌법에서 채택되었다.

1918년 러시아 인권 선언은 후자의 방식을 취한 까닭에 1789년 프랑스 인권 선언과 달리 개별 인권의 보장에 대한 상세한 기술보다는 권력의 집중과 권력에 대한 민주적 통제 그리고 주요 생산 수단의 국유화와 토지의 사회화에 대하여 규정하고 있다.

둘째, 1789년 프랑스 인권 선언이 인간의 자유와 평등을 추상적으로 서술하고 있는 것에 비하여, 1918년 러시아 인권 선언은 인권의 가장 큰 문제점인 인간에 의한 인간 착취의 폐지를 서술하고 있다. 1789년 프랑스 인권 선언은 소유권의 (실질적으로는 생산 수단에 대한 사적 소유권의) 신성불가침성을 서술하였는데 반해, 1918년 러시아 인권 선언은 토지와 그 밖의 농업에 있어서의 기본적인 생산 수단의 국유를 선언하고 공업과 운수 부분의 국가 소유를 지향하고, 은행의 국유화를 선언하며, 구 정부의 대내외 부채의 파기를 제창하고 있다.

민주주의 없는 집중제

1918년 러시아 인권 선언에도 불구하고 현실의 사회주의 헌법 하의 인권은 인권 보장과 거리가 있는 것이었다. 특히 권력의 민주적 통제에 대한 구체성이 없이 헌정이 이루어진 결과 민주주의에 기반한 집중제가 아니라 민주주의 없는 집중제가 되어 결국 민주주의를 요구하는 민중 혁명에 의해 1991년 붕괴되고 말았다.

돌이켜 보면, 1936년 소련 헌법은 제3조에 "소련의 모든 권력은 근로자 대의원 소비에트에 의해 대표되는 도시 및 농촌 근로자에 속한다"고 규정하고 있다. 근로자가 모든 권력의 소유자이며 그 권력은 근로자 대의원 소비에트를 통해 행사해야 한다는 것이다.

소련 최고 소비에트로부터 시 및 촌의 근로자 대의원 소비에트에 이르기까지 근로자 대의원은 보통, 평등, 직접, 비밀 선거에 의해 선출한다고 구체적으로 보장하고 있다. 헌법 제135조와 제137조는 선거권뿐만 아니라 피선거권 보장도 규정하고 있다.

구 소련의 영역 지도 | 정식 명칭은 '소비에트 사회주의 공화국 연방' 이다. 1922년부터 91년까지 존재했으며, 공산당 독재 하의 강력한 국가로서 미국과 대립 구도를 형성했다.

그런데 제141조는 '후보자는 선거구별로 입후보 한다'(1항), '입후보할 권리는 근로자의 사회적 조직 및 단체, 즉 공산당 조직, 노동조합, 협동조합, 청년 조직, 문화 단체에 대해 보장한다'(2항)고 했다. 개인의 입후보권을 봉쇄한 듯한 이 조항에 따르면 제135조에 의한 피선거권 보장이 유명무실해질 우려가 있었다. 이러한 조항은 인민 주권 원리에 부합하지 않는다. 그리고 실제의 운용 현실을 살펴보더라도 문제가 있었다. 후보자는 관습법적으로 결국 한 선거구에 1명밖에 입후보하지 않게 되기 때문에 선거가 신임 투표로 전락하고 말았다. 유권자는 후보자를 적극적으로 선택할 자유가 없어졌고, 선거권과 피선거권이 유명무실해졌다.

소환제에 관한 규정도 있었으나 유명무실했다. 제142조에는 "각 대의원은 유권자에 대하여 자기의 활동 및 근로자 대의원 소비에트의 활동에 대한 보고 의무를 지며, 유권자 다수의 의결과 법률이 정하는 절차에 따라 대의원을 상시 소환할 수 있다"고 규정되어 있다.

그러나 명령적 위임 제도를 구체적으로 보장하는 법령의 정비가 늦어져 소환제가 약 20년 간 실시되지 않았다. 그 결과 최소한 소련의 사회주의 초기에는 유권자에 의한 일반 의사의 결정이 보장되지 않았다고 보아야 할 것이다. 또 법령 정비 이후에도 소환제가 실질적으로 기능했다는 소식은 들리지 않았다.

그럼에도 불구하고 근로자의 권력은 "소련 최고 국가 권력 기관은 소련 최고 소비에트이다"(제30조), "소련 최고 소비에트는 헌법 제14조에 따라 소비에트 사회주의 공화국 연방에 부여된 모든 권리를 행사한다"(제32조)고만 규정되었다. 소련을 구성하는 각 연방 공화국의 권력 구조도 마찬가지로 소비에트에 과도하게 집중되어 있었다. 뿐만 아니라 지방, 주, 자치구 등의 지방의 권력 구조도 마찬가지였다.

소련 체제는 1871년 파리 코뮌과는 이질적인 체제였다. 인민의 대표 기관이라고 할 만한 실체가 없기도 했지만, 현실적으로 헌법에 명시된 기능조차도 제대로 작동하지 않았다. 소련 최고 소비에트가 헌법상 소련 유일의 입법 기관이라고 명시하고 있음에도 불구하고 실질적인 역할을 하지 못했다. 소련의 입법권은 소련 최고 소비에트 간부회와 소련 인민 위원 회의(1946년에 소련 각료 회의로 개칭)가 장악하고 있었다. 소련 최고 소비에트는 추인 기관 또는 통법부에 지나지 않았다. 그리고 이러한 상황은 1977년 소련 헌법에서도 대동소이하다.

게다가 제98조에 의하면, 지방 소비에트는 헌법상 지방 우선의 사무 배분 원칙과 배분된 사무의 자율적 처리를 보장받을 수 없었다. 지방 소비에트의 활동은 해마다 저조해지고, 헌법 규정대로 회기가 소집되지 않는 소비에트의 수가 증가했다. 소비에트 회기에 대한 활동 보고를 하지 않는 집행위원도 늘어만 갔다. 의장, 서기를 포함한 집행 위원회의 구성원은 소비에트 대의원 가운데 선출해야만 하는데도(제99조), 대의원 이외의 사람을 집행 위원회 의장을 시키거나, 서기가 독단적으로 선출하는 곳까지 생겨났다. 민주주의 없는 집중제였으며, 민주적으로 통제받지 않는 권력이 인권을 보장할 리 없었다.

권력 비판 배제하는 인권 조항

1936년 헌법은 수많은 인권 조항이 있었음에도 불구하고 권력 비판과 관련된 인권 조항에는 각종 제한이 덧붙어 있었다. 1936년 소련 헌법의 제10장은 사회주의 인민의 권리 장전에 해당한다.

신앙의 자유·정교 분리·학교와 교회의 분리(제124조), 언론·출판·집회·결사의 자유, 가두 행진·시위운동의 자유 및 이를 위한 물적 수단의 자유(제125조), 결사의 자유와 공산당의 지도성 보장(제126조), 신체 불가침의 보장(제127조), 주거의 불가침과 편지 등의 비밀 보장(제128조) 등 자유권을 규정하고 있다.

노동의 권리(제118조), 휴식의 권리(제119조), 노령자·질병자·근로 능력 상실자에 대한 물질적 보장을 받을 권리(제120조), 교육을 받을 권리(제121조), 단결권(제126조) 등의 사회권도 구체적으로 보장하고 있다.

그 밖에도 경제적·국가적·문화적·사회적·정치적 생활의 모든 분야에서 남성과 여성이 평등할 권리(제122조), 민족·인종의 차별 없이 경제적·국가적·문화적·사회적·정치적 생활의 모든 분야에서 평등할 권리(제123조)가 보장되어 있다. 참정권 보장에 대해서는 이미 살펴본 바 있다.

이러한 권리 가운데 민주적 권력을 확보하는 데 특히 중요한 것은 참정권 보장과 표현의 자유이다. '인민에 의한 인민을 위한 정치'를 위해서는 인민의 요구를 국가 의사로 발전시키고 인민이 요구하지 않는 방향으로 국가가 운영되지 않도록 하기 위해서라도, 인민들의 정치에 대한 요구와 권력 담당자에 대한 비판을 포함한 폭넓은 표현 활동의 자유가 보장 되어야 한다. 그런데 1936년 소련 헌법은 표현의 자유에 관해 각종 제한이 붙어 있었다.

즉, 헌법 제125조 1항에는 모든 인민에 대한 표현의 자유 보장이 규정되어 있으나, '근로자 이익에 적합하고, 사회주의 제도를 견고히 하기 위한 목적'의 표현이어야 한다는 제약이 붙어 있다. 이러한 제약은 표현의 자유의 전제가 되는 민주주의가 프롤레타리아 독재를 위한 표현만을 용인하겠다는 것을 의미한다. 또한 인민은 윤리적(정치적) 일체성을 갖춘 소비에트적 인민의 구성원이어야 비로소 자유를 향유할 수 있으므로, '인민의 적'은 향유 주체가 아니라는 논리가 성립된다. 정치적 제약을 내포한 인권 보장론인 것이다. 결국 이러한 논리는 반체제론뿐만 아니라 사회주의 내에서의 소수 의견, 권력 담당자에 대한 비판도 배제하는 기능을 했다.

헌법 제125조 2항에는 표현의 자유에 대한 물질적 조건 보장을 규정하고 있는데, 물질적 조건이 일반적으로 국유화되어 있는 사회주의 단계에서 과연 '인민의 적'이라고 규정된 인민에 대해서까지도 보장되었겠는가 하는 점이다.

나아가 1936년 소련 헌법이 교육과 학문의 자유(교육과 학문의 정치로부터의 독립성 보장)를 결여하고 있다는 점에도 주목할 필요가 있다. 1871년 파리 코뮌과 이를 주시하고 있던 마르크스는 교육과 학문의 자유를 중시했다. 국민의 이익을 권력 담당자의 이익으로 대치시킬 수 있는 독립적인 시민, 자율적인 주권자를 창출하기 위해서는 교육의 자유를 보장해야 한다는 것이었다. 교육은 진리와 진실을 내용으로 하기 때문에 정치와는 본래 방법상 이질적이다. 교육에서는 사회과학적이고 합리적 논증이 필요하지만, 정치에서는 다수결만이 능사이다. 교육의 자유가 보장되지 않으면 교육은 어용御用 교육이 되기 쉽다. 학문도 교육과 마찬가지로 정치와는 방법론상 이질적이다. 학문에 종사하는 연구자는 정치가 국민의 이익에서 벗어나지 않도록 과학적·전문 기술적으로 감시해야 할 입장이고, 이를 위해서는 학문의 자유 보장이 필수적이다. 그러나 1936년 헌법은 유감스럽게도 이러한 보장을 결여했다.

1977년 소련 헌법은 1936년 소련 헌법에 비해 외형적으로는 인민의 권리 보장을 확충·강화하고 있다. 그러나 그럼에도 불구하고 표현의 자유에는 '인민 이익에 따라 사회주의 체제를 강화하고 발전시키기 위하여'라는 제약 조건이 붙어 있다. 결사권과 학문·예술 활동의 자유에 대해서는 '공산주의 건설 목적에 따라서'라는 제약 조건이 붙어 있다. 1936년 소련 헌법과 마찬가지로 '인민의 적'을 그 보장 대상에서 제외했다.

게다가 1977년 소련 헌법은 인권 일반에까지 제약을 덧붙일 수 있었다. "인민에 의한 권리 및 자유 행사는 사회와 국가의 이익 및 인민의 권리에 손해를 끼쳐서는 안된다"(제39조 2항). "권리 및 자유 행사는 인민에 의한 의무 이행과 불가분하다"(제59조 1항). 이와 같은 일반적 제약 규정은 1936년 소련 헌법에도 없는 것이었다.

인민의 의무는 제59조 2항 이하에서 규정하고 있는데 헌법·법령의 준수, 사회주의적 공동체 규칙의 존중, 소련 시민에 걸맞은 행동, 노동, 사회주의적 소유와 인민의 부에 대한 존중, 국가의 이익·힘·권위의 유지 및 강화, 병역, 공공질서의 유지 등을 가리킨다.

이를 소련의 저명한 헌법학자인 토포르닌은 정치적 자유와의 관계에서 다음과 같이 풀이했다. "1977년 소련 헌법의 정치적 자유에는 너무나도 큰 장벽이 내재되어 있었다. 어떤 한계를 침해해서는 안 된다는 유언무언의 원칙이 있는 셈이었다. 즉, 정치적 자유를 남용하는 것은 사회주의 사회의 본질에 모순하고, 사회주의 사회의 이익에 손해를 끼치는 행위가 될 수 있다는 식이다. 그래서 사회주의의 이름으로 일부 공산당 간부에 의해 인권이 금압당하는 상태였다."

뿐만 아니라 소련 연방 내의 개별 공화국의 형법전은 소비에트 권력의 파괴 또는 약화를 목적으로 하는 선전·선동, 소비에트 국가·사회 체제를 비방하는 허위 사실의 유포 및 이를 위한 문서의 작성 또는 보관을 아예 범죄로 규정했다.

소련에서는 정부와 다른 의견은 '계급의 적'과 '인민의 적'이라는 계급 투쟁 논리와 정치적 기준에 의해 억압당했는데, 문제는 헌법전 자체가 이러한 억압의 구실을 제공하고 있었다는 점이다. 정치 현실에서는 당과 국가 기관, 그 간부를 비판하는 것이 금기시 되었다. 이러한 제약은 학문 활동에도 만연했다고 한다.

로크와 달리 루소는 권력의 집중을 통해서도 인권이 보장될 수

국경 경비대원들이 지켜보는 가운데 베를린 장벽을 무너뜨리는 시민들 | 동·서독 통일을 상징하는 베를린 장벽 붕괴는 이후 동유럽 민주화와 소련 붕괴로 이어졌다.

있다고 했다. 전근대적 국가와 달리 근대 국가는 모름지기 권력의 분립이 인권 보장의 첩경이라는 근대 시민 혁명기의 대다수의 발상과는 아주 대조적인 것이다.

어떻게 그런 발상을 할 수 있었는지 궁금하지 않을 수 없다. 그것은 다름 아닌 국가 권력이 민주적으로 선출되고 유권자가 정치적 의사 표현의 자유, 선거권, 피선거권을 온전히 행사할 수 있다는 것을 전제했기 때문에 가능한 발상이었다. 루소의 이러한 발상은 1871년 파리 코뮌과 마르크스주의로 이어졌는데, 소련 등의 현실사회주의의 권력 집중제는 인권 보장과 거리가 먼 체제, 즉 권력의 집중만이 남아 있는 일종의 독재 체제였다.

1990년대 후반 동구 사회주의 국가들이 몰락하면서 '더 많은 민주주의', '더 많은 인권'을 요구했던 것은 바로 이러한 인권과 민주주의를 결여한 권력 시스템에 대한 항의였을 것이다. 시대와 국가를 달리하더라도 시사하는 바가 크다 하겠다.

영국

1215년 마그나 카르타 | 존 왕의 실정에 대항하여 귀족들이 자신들의 권리를 재확인한 문서이다. 이후 인권을 보장하는 여러 문서의 시초가 되었다(본문 29~31쪽 참조).

1628년 권리 청원 | 의회를 무시하는 찰스 1세에게 귀족들이 '청원'이라는 형태를 빌려 자신들의 권리를 선언한 문서이다. 역사적으로는 주권이 국왕에서 의회로 넘어가는 계기가 되었다(본문 32~3쪽 참조).

1689년 권리 장전 | 권리 청원이 청교도 혁명과 관련된 문서라면, 권리 장전은 명예혁명의 결과로 나온 의회제정법이다. 이를 통해 절대주의를 종식시키고 입헌 군주제가 등장하게 된다. 이후 버지니아 권리 장전, 미국 독립 선언 등에 큰 영향을 미쳤다(본문 34~6쪽 참조).

미국

1776년 버지니아 권리 장전, 미국 독립 선언 | 자연권, 합의에 의한 지배, 저항권 같은 근대적 사회 사상과 이에 기초한 인권들을 담고 있다. '모든' 사람들의 천부적인 인권을 보장함으로써 이후 프랑스 시민 혁명에 영향을 미쳤다(본문 40~2쪽 참조).

프랑스

1789년 프랑스 인권 선언(인간과 시민의 권리 선언) | 프랑스 시민 혁명의 결과로 나온 인권 선언이다. 인간의 자연적인 권리를 보장하고 있으며, 국가가 인권을 보장하기 위해 성립되었다는 내용을 담고 있다. 주권 재민, 권력 분립, 법률 제정권 등을 보장함으로써 이후의 여러 나라들의 헌법에 영향을 미쳤다(본문 43~50쪽).

1791년 여성과 여성 시민의 권리 선언 | 프랑스 인권 선언이 남성만의 권리를 보장하고 있음을 지적하고, 여성의 동등한 권리를 주장하기 위해 선언되었다(본문 74~6쪽 참조).

러시아

1918년 러시아 인권 선언(노동 인민의 인권 선언) | 러시아 사회주의 혁명의 결과로 탄생했으며, 정식 명칭은 '노동하고 착취당하고 있는 인민의 권리 선언'이다. 프랑스 인권 선언이 권력 분립과 추상적인 차원에서의 인간의 자유와 평등을 이야기했다면, 러시아 인권 선언은 민주적으로 통제될 수 있는 권력 집중을 인정하고 인간에 의한 인간 착취의 폐지를 서술하고 있다는 점에서 큰 차이를 보인다(본문 99~101쪽 참조).

독일

1919년 바이마르 헌법 | 소유권의 사회성과 재산권 행사의 공공복리 적합성을 규정하고, 인간답게 살아갈 권리인 생존권을 보장함으로써 20세기 현대 헌법의 기초가 되었다. (본문 90~6쪽 참조).

대한국민에게 인권을 허하노라
1948~60년

1948년에 만들어진 대한민국 헌법 제2장 국민의 권리와 의무에는 각종 인권을 규정하고 있다. 모든 국민은 신체의 자유를 가진다(제9조). 모든 국민은 법률에 의하지 아니하고는 거주와 이전의 자유를 제한받지 아니한다(제10조). 모든 국민은 신앙과 양심의 자유를 가진다(제12조) 등등.

그런데 특이한 것은 이러한 인권 조항의 주어가 모두 국민, 즉 대한민국 국민이라는 것이다. 근대적 권리 장전의 효시인 1789년 프랑스 인권 선언의 주어는 누구든이다. 사람이면 누구든 이러저러한 권리를 갖는다라는 구조를 취하고 있다. 예를 들면, 적법 절차에 대해 규정한 제7조는 '누구든 법률이 정하고 법률이 정한 형식에 의하지 아니하면 소추되지도 체포되지도 아니하며 구금되지 아니한다' 고 규정하고 있다. 미국 수정 헌법 제5조를 보면, '누구든person 대배심에 의한 고발 또는 기소가 있지 아니하면 사형에 해당하는 죄 또는 기타의 파렴치죄에 관하여 심리를 받지 아니한다' 고 규정하고 있다.

월드컵 때 대한민국을 다녀간 어떤 외국 헌법학자는 이러한 역대 한국 헌법의 인권 조항들을 보고서 역시 대~한민국 사람들은 민족주의적 경향이 강하다고 농담 반 진담 반으로 한마디 한다. 그러나 하나는 알고 둘은 모르는 소리라는 이야기를 농담 반 진담 반으로 하고 싶다.

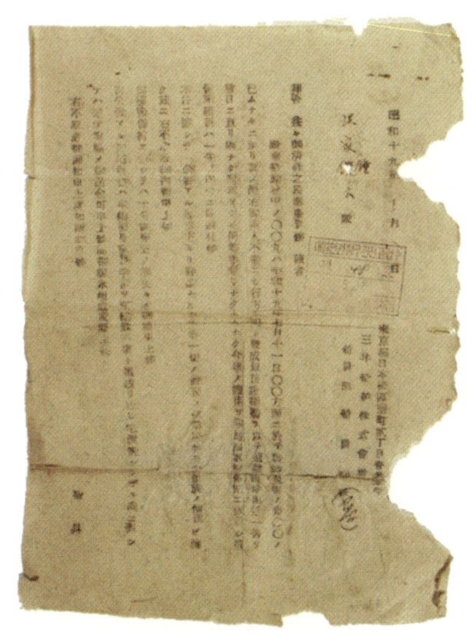

징용자 사망 통지서 | 일제 강점기에 강제 징용된 조선인은 113만에서 146만 명에 달하는 것으로 알려졌다.

그가 모르는 둘은 1948년 이전에 대한국민들이 인권의 언저리에도 있지 않았다는 사실이다. 우리가 알고 있는 일제 강점기, 일본의 헌법은 대일본제국 헌법 즉 메이지明治 헌법이다. 메이지 헌법에도 인권에 관한 규정이 있었다. 그런데 인권에 관한 규정의 주어는 모두 신민이었다. 예를 들면, 제22조 일본 신민은 법률이 정한 범위 내에서 거주 이전의 자유를 갖는다. 제23조 일본 신민은 법률에 의하지 아니하고서는 체포, 감금, 심문 그리고 처벌을 받지 아니한다. 일본 신민의 자격은 법률로 정한다(제18조)라고 되어 있으나 식민지 조선의 대한국민들은 법률에 의하지 아니하고서 체포, 감금 그리고 심문을 받았으며 혹독한 고문을 받아야 했다. 그렇다고 식민지 조선의 대한국민들이 이러한 메이지 헌법의 적용을 온전히 받은 것도 아니었다. 일왕을 위해 사람을 동원하고 재물을 갈취할 때만 조선 사람들도 '황국 신민'이었다. 최소한의 권리조차도 누리지도 못하면서 식민지 조선의 대한국민들은 강제 징용을 당해야 했다.

그런 의미에서 보면 1948년 헌법에서 인권의 주어를 인권이라는 말에 걸맞게 인간이면 '누구든'으로 하지 않고 '국민은'이라고 한 것은 이해의 여지가 없는 것이 아니다. 우리도 이제 인권의 주체이다. 우리도 주체이기 때문에 인권을 누릴 수 있다는 의지 표명이라고 예쁘게 봐줄 수도 있을 것이다.

어디 내놓아도 좋을 인권 목록들

미군 점령 하에서 미국의 영향을 받아 만들어지기는 했으나 헌법에는 세계 어디에 내놓아도 뒤지지 않을 만큼 많은 인권 목록들이 규정되었다. 신체의 자유(제9조), 거주 이전의 자유(제10조), 신앙과 양심의 자유(제12조), 언론·출판의 자유(제13조) 등 제9조에서 제27조(공무원 파면권)에 이르기 까지 매우 망라적이다. 특히 신체의 자유에 대해 규정한 제9조는 불법적인 체포, 구금, 수색, 심문, 처벌 및 강제 노역에 대해 명문으로 금지하고 있을 뿐만 아니라 불가피하게 체포, 구금, 압수 수색을 하는 경우에도 법관의 영장이 필요하며, 변호인의 조력을 받을 권리가 있음을 상세히 규정하고 있다. 미국 헌법의 수정 제4조가 불합리한 수색과 체포 그리고 압수의 금지를 상세히 금지하고 있는데 이를 연상케 한다. 오히려 미국 헌법의 관련 조항보다 더 상세한 내용을 규정하고 있는데 이는 일제 강점기에 만연했던 신체의 자유에 대한 불법적인 침탈을 방지하기 위한 것이라 여겨진다.

현대적 의미의 헌법인가 아닌가를 판가름하는 사회적 기본권과 관련해서도 많은 인권 조항들이 규정되었다. 모든 국민은 교육을 받을 권리를 가지며 적어도 초등학교 교육은 무상으로 한다(제16조)고 아예 헌법에 명시하고 있다. 요즘 무상 교육, 무상 급식 논란이 한창이라지만 이미 1948년 헌법에서 이를 명문화하고 있다. 근로자의 노동 삼권을 보장한다고 규정(제18조)하고, 나이가 들거나 병들어서 근로 능력이 없는 사람들은 국가가 이를 보호하도록 규정(제19조)하고 있다. 특히 근로자의 권리와 관련해서는 근로가 권리이며 근로 조건은 법률로 정한다고 헌법에 규정(제17조)하는 것은 물론 근로자가 기업 경영과 관련하여 사용자와 더불어 이익을 균점할 수 있는 권리가 있다고 규정(제18조)하는 등 세계사적으로도 유례가 많지 않은 획기성을 보이기도 했다.

인권 침해를 방조한 허술함도

1948년 헌법은 망라성과 획기성에도 불구하고 허점도 많았다. 모든 국민의 자유와 권리는 질서 유지와 공공복리를 위하여 필요한 경우에 한하여 법률로써 제한할 수 있도록 했다(제28조). 법률의 하위 규범인 명령이나 규칙으로 인권을 제한할 수 없고 원칙적으로 의회제정법인 법률로써 불가피한 경우에 한하여 인권을 제한할 수 있도록 했다는 점에서는 의미 있는 조항이다. 일제 강점기에는 의회가 없었을 뿐만 아니라 법률이 아닌 일왕의 칙령으로도 인권을 제한할 수 있었다는 점에서 보면 진일보한 조항이다. 그러나 법률만 있으면 인권의 본질적인 내용도 침해할 수 있다는 뜻으로도 와전될 수 있었다. 의회에서 제정한 법률이면 악법도 법이 될 수 있다는 이야기이다.

실제 1948년 헌법 하에서 많은 인권 침해가 있었다. 우리가 이승만 정권을 장기 독재 정권이라고 비난하지만, 사실은 장기 인권 침해 정권이기도 했다. 부정 선거, 관권 선거 등을 통해 국회의 다수를 차지한 자유당과 이를 등에 업은 이승만 정권은 온갖 악법을 양산했다. 대표적인 것이 국가 보안법이다. 국가 보안법은 해방 후 좌·우익의 대립과 혼란의 와중에서 발생한 대립과 갈등의 하나인 여수·순천에서의 사건(1948년 11월)을 빌미로 반정부 세력을 제거하려는 목적으로 제정되었다. 국가를 변란할 목적이라는 불명확한 규정(제1조)도 문제였지만, 중요 시설의 파괴 등의 범죄 행위를 목적으로 하

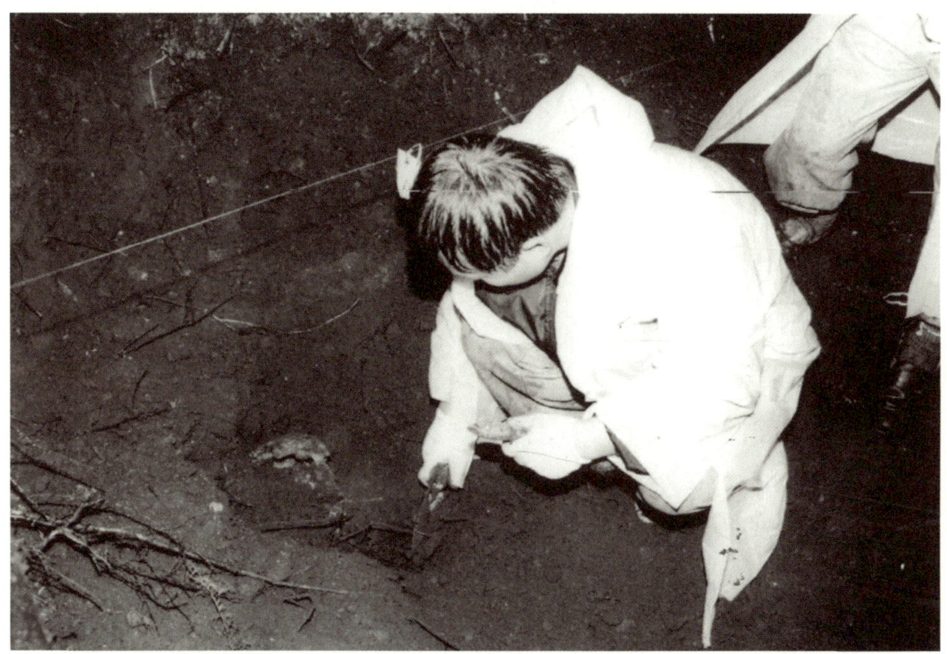

여순 사건에서 학살된 사람들의 유골을 발굴하는 모습 | 여순 사건이란 지난 1948년 10월 19일 여수 지역에 주둔하고 있는 국군 제14연대가 반란을 일으켜 정부 진압군이 이를 진압하는 과정에서 양민 등 2,500여 명이 숨진 사건을 말한다. 1948년 4월, 남한만의 단독 선거와 이를 통한 단독 정부 수립에 반대하여 제주도에서 4월 3일을 기점으로 봉기가 발생했다. 정부는 이를 진압하기 위해 제14연대를 급파하기로 했지만, 제14연대 소속 지창수, 김지회 등이 중심이 되어 제주도 출동을 거부하고 친일파 처단, 조국 통일 등을 내걸고 반란을 일으켰다. 이들은 곧 경찰서와 관공서 등 여수 시내를 장악하고 '제주도 출동거부병사 위원회'를 설치하는 등 여수·순천을 순식간에 휩쓴 뒤 곧바로 광양·곡성·구례·벌교·고흥 등 전라남도 동부 5개 지방을 장악했다. 그런데 초기 진압 작전에서 반란군에게 밀리자 정부는 여순 지구에 계엄령을 선포하고, 광주에 설치한 반군 토벌 전투 사령부의 지휘로 제2여단, 제5여단 예하의 5개 연대를 투입, 소탕 작전을 벌여 나갔다. 이들 정부군은 결국 미국 군사 고문단의 지휘 아래 동원 가능한 모든 군대와 박격포, 장갑차, 경비정 등을 이용해 무차별적인 공격을 가했고 여순 지역 탈환에 성공했다. 그러나 진압 과정 중 민가와 일반 시민들을 구별하지 않는 초토화 작전을 전개하여 많은 민간인 희생자가 발생했다.

는 결사나 집단을 조직하거나 가입한 자를 모두 처벌할 수 있도록 규정(제2조)하여 문제를 증폭시켰다. 해방 후 새로운 국가 수립을 둘러싼 많은 구상 가운데 이승만 정권의 생각에 배치되는 모든 국가 구상과 이에 기초한 단체 행동은 국가 보안법에 의해 엄단되고 말았다. 이승만 정권은 법을 무시한 정권이면서 동시에 악법을 양산해 인권을 탄압한 정권이기도 했다.

이러한 문제점은 박정희 정권으로도 이어졌다. 박정희 정권은 반공법을 제정하여 찬양 고무죄와 회합 통신죄 그리고 편의 제공죄를 신설했다. 국가 보안법이 표현의 자유를 침해하는 세계적인 악법으로 기록되어 국내외 인권 옹호 기관으로부터 폐지 권고를 받고 있는데, 그 핵심 조항에 해당하는 찬양 고무죄가 바로 이 반공법이라는 이름으로 국회에서 제정되었던 것이다. 찬양 고무죄는 정부에 대한 비판을 북한을 이롭게 한다고 하여 처벌했으며, 통일을 위한 남북한 교류는 회합 통신죄로 처벌했다. 박정희 정권의 후예 전두환 정권은 이승만 정권의 국가 보안법과 박정희 정권의 반공법을 통합하여 오늘날의 국가 보안법을 만들었다.

헌법의 인권 규정에도 불구하고 법률을 제정하여 인권 침해가 계속되는 상황을 막기 위해 1960년 4.19 혁명 후 만들어진 1961년 헌법에서는 법률로써 인권을 불가피하게 제한하는 경우에도 '그 제한은 권리의 본질적인 내용을 훼손하여서는 안 되며 언론 출판의 자유에 대한 허가를 규정할 수 없다'고 했다. 그러나 박정희가 5.16 군사 정변 후에 만든 1962년 헌법과 유신이라는 이름으로 장기 집권을 획책한 1972년 헌법에서는 이러한 본질적인 내용 침해 금지 규정이 삭제되었다.

나의 죽음을 헛되이 하지 말라
1960~79년

근로 기준법을 준수하라　서울의 평화시장, 지독한 가난 속에서도 좌절하거나 타락하지 않던 재단사가 한 명 있었다. 하지만 그를 둘러싼 노동 현실은 가혹하기 짝이 없었다. 근로 기준법이 있음에도 불구하고 작업장은 허리도 펴기 힘들 정도로 열악했고, 잔업 철야는 계속되고 하루 16시간 이상의 노동이 이어졌다. 그러던 어느 날 이 청년은 법전을 샀다. 그리고 1970년 11월 13일 서울 평화시장 앞 길거리에서 '노동법을 준수하라' 며 젊음과 몸을 불살랐다.

　그의 이름은 전태일이다. 1948년생, 분신 당시 스물세 살이었던 전태일이 처음부터 과격한 생각과 행동을 가진 것은 아니었다. 고단한 현실을 고민하던 스무 살 청년의 눈을 번쩍 뜨이게 한 것은 근로

기준법이었다. 근로 기준법에는 장시간 저임금 노동을 금지하고 있었다. 그뿐만이 아니었다. 그가 읽은 법전에는 노동법이라는 것이 있었고, 그 법에 따르면 노동조합을 만들어 근로 조건을 교섭하고 교섭이 여의치 않을 때에는 단체 행동을 할 수 있다고 되어 있었다. 법대로 하면 고단한 현실이 해결되겠구나하고 '바보' 같이 생각했다.

그러나 오랜 노동과 피로에 지친 아버지, 정치적 격변기를 연명해온 아버지 전상수는 아들 전태일에게 노동 현실과 노동 운동에 대해 이야기하면서도 노동 운동이 인생을 망치는 바보짓이라고 했다. 그것은 아버지만의 이야기가 아니었다. 당시는 근로 기준 운운하는 것이 인생을 망치는 바보 같은 짓이라는 인식이 팽배했으니까.

그래서 전태일은 '바보회'를 만들었다. '강자 앞에서는 말이 없고, 약자 앞에서는 강한 척' 하는 비굴한 처세 철학을 버리고 바보가 되기로 했다. 그러나 현실은 역시 녹록하지 않았다. 결국 그는 자신의 몸을 불살라 사회에 경종을 울리기로 결심한다. 스물세 살 젊디젊은 한 몸을 불사르며 전태일은 외쳤다. '근로 기준법을 준수하라!'

다 같은 인간인데 어찌하여 빈한 자는 부한 자의 노예가 되어야 합니까.
왜 가장 청순하고 때묻지 않은 어린 소녀들이 때묻고 부한 자의 거름이
되어야 합니까.
사회의 현실입니까. 빈부의 법칙입니까.

_ 전태일의 1970년 일기 중

이 결단을 두고 얼마나 오랜 시간을 망설이고 괴로워했던가? 지금 이 시각 완전에 가까운 결단을 내렸다. 나는 돌아가야 한다. 꼭 돌아가야 한

다. 불쌍한 내 형제의 곁으로, 내 마음의 고향으로, 내 이상의 전부인 평화시장의 어린 동심 곁으로.

생을 두고 맹세한 내가, 그 많은 시간과 공상 속에서, 내가 돌보지 않으면 아니 될 나약한 생명체들. 나를 버리고, 나를 죽이고 가마, 조금만 참고 견디어라. 너희들의 곁을 떠나지 않기 위하여 나약한 나를 다 바치마. 너희들은 내 마음의 고향이로다……

오늘은 토요일, 8월 둘째 토요일, 내 마음에 결단을 내린 이 날, 무고한 생명체들이 시들고 있는 이때에 한 방울의 이슬이 되기 위하여 발버둥 치오니. 하나님, 긍휼과 자비를 베풀어 주시옵소서.

_ 전태일 일기 1970년 8월 9일★

그의 외침은 대학생 조영래의 메아리로 이어졌다. 민청학련 사건으로 수배 생활을 하고 있던 조영래는 수배 생활 와중에도 혼신의 힘을 다해 전태일의 생애를 기록하여 책으로 만들어 세상에 알렸고, 후일 변호사가 되어 노동 인권을 보호하는 데 앞장섰다.

조영래뿐만이 아니었다. 많은 청년 학생들이 장시간 저임금의 열악한 노동 현실을 인식하고 이를 개선하기 위한 노력을 했으니 전태일은 결국 죽어서 불쌍한 노동 형제들의 영혼의 곁으로 돌아온 셈이다.

★ 조영래, 『전태일 평전』, 아름다운전태일, 2009년.

노동자, 인권 대투쟁에 나서다   1987년 6월 항쟁을 통해 고양된 민주화 열기는 6.29 선언 이후 노동자들의 생존권 확보 및 조직 결성 움직임으로 분출되었다. 7월 5일 노조 불모지대였던 현대그룹에서 현대엔진이 노조 결성에 성공한 데 이어 7월 16일에는 현대미포조선 노조 결성 신고 서류 탈취 사건이 발생, 회사 측이 전 국민적인 지탄을 받았고, 그런 가운데 파업 투쟁은 대기업의 사업장을 중심으로 본격화되었다.

전태일이 1970년대 청계천과 같은 마찌코바(영세 가내 수공업 공장) 거리에서 노동 인권을 이야기했다면, 1987년 이후에는 대기업의 노동 현장에서도 노동 인권을 이야기하는 상황이 된 것이다. 7월 하순 영남권으로 확산된 노동 인권 요구 투쟁은 (주)통일을 중심으로 마산·창원의 대공장을 휩쓸었고, 8월 17~18일 4만여 명이 참여한 울산 현대그룹 노조 연합 가두시위에서 절정을 이루었다. 이후 옥포 대우조선의 시위 과정에서 8월 22일 이석규가 직격 최루탄에 맞아 사망하는 사건이 발생, 이를 추모하고 노동 인권 탄압을 규탄하는 시위가 수도권으로 확산되었다.

이후 노동 인권 요구 운동은 수도권의 중소기업·비제조업 등으로 확산되었다. 한편 8월 11일 전국 경제인 연합회의 '폭력·파괴·불법 행동 비난'과 '공권력 개입 요청'을 계기로 정부의 물리적 개입과 이데올로기 공세가 강화되면서 9월부터는 노동 인권 요구 운동이 다소 침체되기도 하였다. 그러나 제조업 노동자들의 노동 인권 요구 운동이 소강상태로 빠져든 8월 말부터 운수 · 광산 · 사무 · 판매 · 서비스 · 기술직 등 비제조업 노동자들의 노동 인권 요구 운동이 새로이 일기 시작하여 9월 이후까지 계속되었다. 7월에서 9월까지 파업에 참가한 노동자의 연인원은 200만 명, 파업 건수는 3,300건에 달하며, 1,200여 개의 신규 노조가 결성되었다.

1987년 노동자 대투쟁은 무려 3개월 동안 전 지역 · 전 산업에 걸쳐 일어난 최대 규모의 노동 인권 요구 투쟁, 노동자 대중 투쟁이었으며, 역사상 그 유례를 찾아보기 힘들 정도로 격렬했다. 1987년 투쟁은 이후 '전국 노동조합 협의회'의 건설로 이어지는 민주 노조 운동의 새로운 흐름을 형성했으며, 이 과정에서 결성된 신규 노조들은 민주적인 노조 운동의 기반이 되었다.

긴급 조치와 인권

사법부도 살인을　요즘 우리나라는 사형과 관련하여 모라토리엄(사형 집행 유예) 국가이다. 우리 정부가 사형 선고를 받은 사형수에 대해 1997년 12월 말부터 15년 동안이나 사형을 집행하지 않았기 때문이다. 그래서 국제 사면 위원회는 한국을 사실상 사형 폐지국으로 분류하고 있다.

하지만 1970년대의 어떤 사건에서는 사정이 사뭇 달랐다. 1975

년 4월 8일 오후, 대법원이 어떤 사건에 대해 사형을 선고했다. 그리고 불과 18시간만인 4월 9일 새벽, 사형 선고를 받은 8명에 대한 사형이 집행되었다. 법원은 그로부터 무려 30년이 지난 2007년, 이 사건에 대한 종래의 판결을 뒤집고 무죄를 선고했다. 결국 1975년 4월 8일과 9일 사법부가 무고한 사람을 잡아 사형을 선고하고 정부가 이를 살해한 셈이다.

제네바의 국제법학자 협회는 이날을 '사법사상 암흑의 날'로 선포했고, 국제 사면 위원회, 천주교 정의 구현 전국 사제단 등 많은 단체가 박정희 정권과 사법부를 규탄했다. 사법 살인을 했다고. 제임스 시노트 신부는 구명 운동을 하다가 강제 출국되었고, 인혁당 사건 연루자들의 신원 운동을 했던 조지 오글 목사도 강제 출국당했다.

인혁당 사건 이 사건은 다름 아닌 인혁당 사건이다. 박정희 유신 정권의 서슬 퍼런 민주화 운동 탄압이 깊어가던 시절의 일이다. 박정희 정권이 1972년 이른바 유신 체제를 발족시키고, 야당 지도자 김대중을 납치하자 박정희 정부에 대한 국민적 불신과 저항의 폭은 넓어져만 갔다. 그러자 박정희 정권은 민청학련이라는 지하 조직이 불순 세력을 배후 조정해 사회 각계각층을 선동, 인민혁명을 기도한다고 특별 담화를 발표하고 민청학련과 관련된 일체의 활동을 금지하는 긴급 조치* 제4호를 공포했다.

이와 관련해 긴급 조치 제4호 및 국가 보안법 위반 등의 혐의로

인혁당 사건 피해자 유족들 | 2012년 9월, 여의도 새누리당 당사 앞에서 기자회견을 하며 눈물을 흘리는 유족들의 모습.

결국 1,024명이 영장도 없이 체포되었고, 그 중 253명은 민간인인데도 군법회의 검찰부에 구속 송치되었다.

이어 5월 27일, 비상 군법회의 검찰부는 민청학련의 배후에 인민혁명당이라는 조직이 있으며 이들의 배후 조종으로 국가 전복 활동이 진행되었다고 발표했다. 그리고 도예종 등 8명에게는 사형을 선고하고, 김한덕 등 7명에게는 무기징역을 선고했다.

원래 인민혁명당 사건은 1964년에도 있었다. 박정희가 군사 정변을 통해 정권을 잡은 지 얼마 되지 않은, 국민적 저항이 계속되던 시기였다. 새로 출범한 중앙정보부는 이러한 반정부 세력을 엄단하기 위해 1964년 8월 14일 반국가단체를 적발했다고 대대적으로 선전했다. 북한의 노동당으로부터 지령을 받는 인민혁명당이라는 조직이 남한의 각계각층 인사를 모아 국가 사변을 기획했다고 하고, 이를 획책한 도예종, 양춘우 등과 언론인, 학생 41명을 검거했다고 발표했다. 그러나 국가 변란을 획책했다고 발표했는데도 불구하고 도예종, 양춘우에게 경미한 2~3년의 실형이 선고되고, 그 외 11명에게는 아예 무죄가 선고되었다. 도예종, 양춘우도 2심에서는 징역 1년형을 선고받는 데 그쳤다. 그러던 것을 유신 체제를 발족시키고 정권이 위기에 처하게 되자 다시 불러일으킨 것이다. 인민혁명당이 재건되어 민청학련과 같은 청년 학생을 배후 조종하여 국가 변란을 획책했다는 것이다.

과거사와 진실 규명 사법사상 가장 부끄러운 사법 살인이었음에도 불구하고 정권의 탄압이 극심하여 물밑으로 가라앉았던 이 사건의 진실은 1998년이 되어서야 다시 수면으로 떠오르기 시작했다. 이돈명 변호사, 문정현 신부 등을 대표로 하여 "소위 인민혁명당 사건 진상 규명 및 명예 회복을 위한 대책 위원회"가 발족되고, 정부가 발족한 '의문사 진상 규명 위원회'가 인혁당 사건 조사 당시 고문 조작 사실을 발표하면서였다. 2002년 12월에는 1975년에 억울하게 사형당한 8명의 유족들

6.10 민주화 항쟁 | 명동성당에서 열린 6.10 국민대회에서 시민, 학생들이 호헌철폐, 군부독재 타도를 외치며 시위를 벌이고 있다.

이 서울 지방 법원에 인혁당 사건에 대한 재심을 요청했다.

답보 상태에 있던 재심 재판이 급물살을 탄 것은 2005년 12월이었다. '국가정보원 과거사 진실 규명 위원회'가 인혁당 사건 및 민청학련 사건에 대하여 고문 조작 사실을 인정하는 것을 계기로 법원도 나름의 과거사 청산 작업에 나서게 되었는데, 서울 지방 법원도 3년간 끌어오던 재심 여부를 결정하여 결국 이 사건에 대한 재심이 이루어지게 되었다. 그 사이 '민주화 운동 관련자 명예 회복 위원회'는 인혁당 사건 관련자들 대부분이 민주화 운동 관련자라고 인정하여 이들의 명예 회복에 노력했다. 인혁당 사건 관련자들은 마침내 16차례에 걸친 재심 공판 끝에 2007년 1월 23일 무죄 선고를 받게 되었다.

나의 죽음을 헛되이 하지 말라   최근 들어 다시 인혁당 사건이 논란이다. 박정희 정권 시절 어머니를 대신해 퍼스트레이디 역할을 했던 어느 대통령 후보가 등장하면서부터이다. 그 대통령 후보가 고문으로 조작되었던 인혁당 사건을 실체가 있는 사건이라 발언하고 법원에서 재심 끝에 무죄라고 최종 판결한 사건을 나 몰라라 하는 듯한 발언을 했기 때문이다.

물론 법조인이 아니기 때문에 재심 사건의 의미에 대하여 무지할 수도 있을 것이다. 그러나 왜곡된 과거사의 진실을 규명하기 위한 10여 년의 노력과 법원의 진지한 성찰을 외면하는 것은 문제가 아닐 수 없다. '나의 죽음을 헛되이 하지 말라'는 전태일의 외침이 인혁당 사건에서 다시금 되살아날 듯하다.

이른바 유신 체제는 인권 보장과 거리가 먼 체제였다. 유신 체제의 시녀 노릇을 했던 대법원조차도 지난 2010년, 과거사를 조금이라도 바로 잡고자 유신 헌법에 따라 긴급 조치 위반과 반공법으로 억울한 옥살이를 한 사람들의 사건에서 긴급 조치가 위헌이라고 하고 이들의 무죄를 선고했다(오종상 사건 등). 이러한 사법부에 의한 과거 청산 작업의 의미를 인권 보장의 관점에서 다시금 되새겨보아야 할 것이다.

국가의 안보와 정권의 안보
1980〜90년

국가 보안법과 인권

막걸리와 보안법 술을 먹으면 무슨 말인들 못하랴. 그것도 민초들의 삶이 팍팍하던 시절에. 때는 바야흐로 1968년, 요리사인 김 아무개는 일이 끝나고 막걸리를 거하게 마셨다. 집권 여당인 공화당에 대한 평소의 불만이 발동해 "선량한 국민을 왜 못살게 구느냐. 공화당은 공산당만도 못하다"고 내질렀다. 그것도 파출소에서. 그러자 경찰은 그를 반공법 위반으로 체포했고 김 아무개는 징역 1년 6개월을 선고받았다. ★

★ 박원순, 『국가 보안법 연구 2』, 역사비평사, 1992년, 111쪽.

술을 먹으면 무슨 노래인들 못하랴. 그것도 민초들의 궁핍하던 시절에. 때는 바야흐로 1970년, 고물 행상을 하던 이 아무개는 소주를 거하게 마시고 어렸을 때 의미도 제대로 모른 채 주워들은 노래를 불렀다. "장백산 줄기줄기 피어린 자국, 압록강 굽이굽이……." 알고 보니 북한의 「적기가赤旗歌」였다. '김일성 노래'로도 알려졌던 노래란다. 북한을 동조 찬양했다고 하여 반공법 위반으로 징역 1년에 집행 유예 2년을 받았다.

힘없는 민초들만 고초를 당한 것은 아니었다. 대학생이던 박 아무개는 동료 학생들에게 "남북통일을 하자면 남한에서 북한을 합법 정부로 인정하고 연립 정부를 수립해야 한다"고 했다가 반공법 위반으로 체포되어 징역 2년에 자격정지 2년을 받았다. 참고로 2006년 6.15 남북 정상 회담에서 '남과 북은 나라의 통일을 위한 남측의 연합제 안과 북측의 낮은 단계의 연방제 안이 서로 공통성이 있다고 인정하고 앞으로 이 방향에서 통일을 지향시켜 나가기로 하였다.' 대학생 박 아무개에 적용된 반공법의 논리대로라면 2000년 6월의 남과 북의 정상도 반공법을 위반한 셈이다.

심지어 국회의원도 국회에서 "대한민국의 국시國是는 통일이다"고 하였다가 용공容共 통일도 허용하자는 것 아니냐며 국가 보안법 위반으로 체포되어 재판을 받았다. 1985년 제12대 국회의원이었던 유성환 의원은 1986년 7월 제131회 정기국회 본회의 정치 분야 대정부 질문자로 내정되자 통일 정책 문제, 학원 문제 등에 대한 자신의 견해를 밝히는 식으로 질문을 하기로 하고 질문지를 국회 의사당

내 기자실에서 기자들에게 배포했다. 그런데 그 내용 가운데 "이 나라의 국시는 반공이 아니라 통일이어야 한다"고 한 부분이 문제가되어 반국가 단체인 북한의 활동에 동조하여 이를 이롭게 했다고 하여 재판을 받았다.

치안 유지법의 후예들　국가 보안법의 전신은 일제 강점기의 치안 유지법이다. 치안 유지법은 항일 독립운동가들을 '국헌을 위배하고 국가를 변란할 자' 라고 하여 처벌했는데, 이 치안 유지법이 일제 패망 후 국가 보안법이라는 옷을 입고 1948년 12월 다시 나타났다.

1961년에는 반공법을 만들어 국민의 표현의 자유를 억압했다. 반공법 제4조 찬양 고무가 그 대표적인 케이스인데, 막걸리 국가 보안법에서 살펴보았듯이, 공화당 정권에 대한 취중 비판에서부터 국회의원의 대정부 질의에 이르기까지 의사 표현의 자유를 옥죄었다. 그러다가 1980년에는 국가 보안법과 반공법을 통합하여 현재와 같은 국가 보안법이 되었다.

1980년의 통합 국가 보안법은 주로 찬양 고무죄에 적용되었다. 전두환 정권 시절의 통계를 보면 국가 보안법 위반 사건 2,232건 중 찬양 고무죄 위반자가 무려 2,072건이나 되었다. 찬양 고무죄 위반자들은 무고한 민초들뿐만이 아니었다. 출판, 학문적 업적, 문학 작품, 예술 작품에도 적용되었다. 다종다양한 분야에 적용되었지만, 대부분 전두환 정권의 불법적인 정권 탈취와 반인권적 · 반민주적인

북으로 가는 소 떼 | 1998년, 정주영 현대그룹 명예회장이 소 500마리를 실은 트럭과 함께 판문점으로 향하고 있다.

정국 운영에 대한 비판이 다수를 이루었다. 전두환 정권에 대한 비난이 국가 안보를 위태롭게 한다고 둔갑하여 적용되었던 것이다.

정권에 대한 비판에 적용하지 않고 안보를 진짜로 위협하는 표현 활동에 적용하면 될 것 아니냐는 목소리도 적지 않다. 그러나 국가 보안법이 없더라도 국가의 안보를 침해하는 자들을 위한 형벌은 이미 형법에도 규정이 되어 있다. 국가 보안법 제3조에서 처벌하고자 하는 반국가 단체를 구성한 자에 대해서는 형법에서 내란죄(제87조)

와 범죄 단체 조직죄(제114조) 등으로 처벌할 수 있으며, 잠입 탈출죄에 대해서는 외환죄(제92조), 간첩죄의 예비 음모(제98조)로써 처벌 가능하다.

국가 보안법은 남북 교류 협력법 등과도 상충된다. 정주영 회장이 소 떼를 몰고 북한을 방북하고 돌아와 화제가 된 적이 있다. 국가 보안법에 따르면 잠입 탈출죄에 해당한다. 또한 반국가 단체의 구성원과 회합했고 소 떼 방북을 위해 수차례의 통신을 했을 것이므로 이는 국가 보안법의 회합 통신죄에 해당한다. 반면에 남북 교류 협력법에는 남북한 주민이 회합 통신 기타의 방법으로 접촉할 수 있도록 규정하고 있다. 다만, 이를 위해서는 통일원 장관의 허가를 받아야 한다는 점이 다를 뿐이다. 같은 행위를 놓고서 국가 보안법에서는 처벌을 하고 남북 교류 협력법에서는 제한적으로 허용하고 있다. 결국 정부가 허가하는 남북 교류만을 허용하고 다른 모든 행위는 처벌하겠다는 것인데, 민간 교류 활성화의 의지가 있는지 의심되지 않을 수 없다.

국가 보안법은 헌법의 평화 통일 조항(제3조)과도 모순된다. 평화적 통일이라는 것은 분단을 전제로 하는 것이고 통일되어야 할 두 개 이상의 실체, 즉 남북한의 공존 상태를 전제로 해야 할 것이다. 헌법이 민족 분단을 현실로 인정하고 그 관계를 평화적으로 통일시켜야 할 것이라고 설정하고 있는데도 북한을 적 내지 적국으로 보고 북한과 교류하는 것을 국가 보안법으로 처벌하는 것은 헌법에 모순되는 것이다.

국가 보안법은 궁극적으로는 인권을 침해하는 악법이다. 예를 들어 어떤 사람이 남한 정부를 비판하는 서적을 소지했다고 하자. 그런데 북한 정부도 남한 정부에 대해서 비판적이다. 그러면 이 서적을 소지한 사람은 '북한을 이롭게 하는 점을 알면서도' 이적 표현물을 소지한 것이 되어 국가 보안법으로 처벌받게 되는데, 그 책을 갖고 있는 것이 '북한을 이롭게 하기 위한 것이 아닌 경우'에도 '북한을 이롭게 하는 점을 알면서도' 소지했다고 하여 국가 보안법상 이적 표현물의 소지죄로 처벌하고 있다. 지금은 고인이 된 김근태 의원이 1983년 경제학 서적을 소지했다가 체포되었던 국가 보안법 위반 사건이 그러했고 수많은 이적 표현물 소지죄 사건이 그렇지 않은 내심(속마음)을 그렇다고 단정하여 처벌의 기준으로 삼았다. 국가 보안법의 적용사★ 등을 보면, 우리 마음속에 무슨 생각을 가지고 있는 것만으로도 사실상 처벌받을 수 있을 뿐만 아니라 그것이 표현되는 순간 찬양 고무죄로 처벌받았다. 국가 보안법은 사상과 양심의 자유 같은 내심의 자유와 이를 표현하는 자유를 본질적으로 침해하는 법인 것이다.

국가 보안법 도마에 오르다 국가 보안법은 여러 차례 도마에 올랐다.

우선 헌법 재판소의 도마에 올랐다. 이른바 이적 표현물을 소지했다고 하여 국가 보안법 제7조 위반 혐의로 형사 재판이 진행되던 중, 위헌 법률 심판이 제청되어 그 위헌 여부를 헌법 재판소가 판단하게 된 일이 여러 차례 있었다. 이 사건에서 헌법 재판소의 다수 의견은 국가 보안법 제7조가 위헌이라는 것이었다. 즉 '찬양 고무' 라는 표현 자체가 명확하지 않고 다의적이어서 법치주의나 죄형 법정주의에 합치되지 않는다는 것이다.

그럼에도 불구하고 헌법 재판소의 결론은 합헌이었다. 이 무슨 괴변인가 싶을 텐데, 위헌 소지가 있는 법령의 합헌적인 면을 살려 긍정적으로 해석한 것을 한정 합헌이라고 한다. 사실 헌법 재판소법은 결정 양식을 위헌과 합헌, 이렇게 두 가지로 규정하고 있을 뿐 한정 합헌이라는 것은 명문에 없다. 그런데도 헌법 재판소는 한정 합헌과 같은 변형된 결정을 취한 것이다. 변형 결정의 모국인 독일에서조차도 형벌 법규에 대해서는 말장난 같은 변형 결정은 원칙적으로 하지 않는다고 한다.

결국 국가 보안법의 개정 또는 폐지 문제는 국회의 도마 위에 올라갔다. 김영삼 정부, 김대중 정부 이래 줄곧 국회에서 논란이 되었으나 고치거나 없애지 못했고, 노무현 정부 때는 과반수를 차지했던 열린 우리당이 '국가 보안법 폐지 입법 추진위' 를 구성하고 태스크 포스 및 당정 협의를 거쳐 법률안을 제출한 후 2004년 가을 정기 국회 때 처리한다는 세부 일정까지 가시화했으나 열린 우리당 내부에서 조차도 의견이 집약되지 않아 결국 좌절되었다.

이미 10여 년 전 이야기지만, 어느 설문 기관에서 법학 교수들을 상대로 설문조사를 한 적이 있는데 법학 교수의 75퍼센트가 폐지에 찬성했다는 조사 결과를 들은 적이 있다. 법리적으로도 전문가의 견해로도 사망 선고를 받은 셈이다.

안보와 인권

문화원에 뛰어든 대학생들 1980년 5.18 광주 민주화 운동으로부터 2년이 채 지나지 않은 1982년 봄, 대학생들이 부산에 있는 미국문화원에 뛰어들어 불을 지르는 사건이 발생했다. 불은 두 시간 만에 꺼졌지만, 문화원 도서관에서 공부하던 학생 한 명이 사망하고 세 명이 중경상을 입었다. 이에 전두환 정권은 이를 북한의 사주를 받은 대학생들의 반사회적이고 반이성적인 난동으로 홍보하고 대대적으로 구속 기소했는데, 주모자에 해당하는 문부식, 김현장은 대법원에서 사형 판결을 받았다가 일주일 만인 1983년 8월 15일 무기 징역으로 감형되었다.

사건의 경위야 어찌되었든 사형 판결까지 받았던 일이니 사회적 경각심이 일었을 만도 한데, 사형 판결로부터 2년도 안 지난 1985년 5월 23일, 이번에는 서울에 있는 미국문화원에 대학생 73명이 뛰어드는 사건이 발생했다. 이들은 자신들이 삼민투위 즉 민족 통일과 민주 쟁취 그리고 민중 해방의 이념을 실현하기 위한 대학생 투쟁 위원회의 일원이라고 주장했다. 서울대, 고려대, 연세대 등 서울 시내 5개 대학 학생들이었는데, 1980년 5.18 광주 민주화 운동의 진압 과정 등에 미국의 책임이 있고 이를 규명하고자 하니 미국은 공개 사과하라는 요구를 했다. 미국의 동의 없이 5.18 계엄령이 발동될 수 없었으며, 한국군에 대한 작전 통제권을 가지고 있는 미국의 묵인이나 동의 없이 진압군이 출동해 5.18 광주 민주화 운동을 진압할 수 없었을 것이라는 내용이었다.

연행되는 학생들 | 미국문화원을 점거한 학생들이 경찰에 의해 연행되며 반미 반정부 구호를 외치고 있다.

　　재판을 받으면서도 이들은 묵비권을 행사하거나 재판부를 바꾸

어 달라고 하기도 했으며 재판부의 편파적 재판 진행에 항의해 변호
인단 전원이 사임하기도 했다. 도대체 대학생들이 왜 미국문화원에
뛰어들었단 말인가.

한미 상호 방위 조약과 전시 작전 통제권 사실 오랫동안 한국과 미국
은 군사적으로 협조했을 뿐만 아니라 동맹 관계를 유지해왔다. 이러
한 동맹 관계를 법적으로 뒷받침하는 것은 바로 1953년에 체결된 한
미 상호 방위 조약이다.

한미 상호 방위 조약은 단순히 상호간 외부의 침략에 대응하는
동지 관계임을 단순히 대내외에 천명하는 것에 그치지 않고 한걸음
더 나아가 한국군에 대한 작전 통제권에 대해서도 구속력을 가지고
있다.

한미 상호 방위 조약이 체결되고 얼마 되지 않은 1954년 11월 17
일, 한국과 미국은 한미 상호 방위 조약의 부속 합의서를 채택했는
데, '국제 연합군 사령부가 대한민국의 방위를 책임지고 있는 동안,
대한민국 국군을 국제 연합군 사령부의 작전 통제권 하에 둔다'고
하여 한국군에 대한 작전 통제권이 주한 유엔군 사령부에 있고, 실
질적으로는 주한 미군이 관리하게 되었다.

이는 새로운 일이 아니었다. 한국 전쟁이 한창이던 1950년 7월
15일 이승만 정권이 서한으로 작전 통제권을 이양한 것을 법적으로
확인한 것이기도 했다. 이승만은 "본인은 현재의 적대 행위 상태가

지속되는 동안 한국의 육해공군에 대한 일체의 지휘권을 이양하게 된 것을 기쁘게 여기는 바"라고 했다. 전쟁이 끝나자 한국군에 대한 작전 통제권을 계속적으로 행사할 필요가 있어서 한미 상호 방위 조약과 이에 따른 부속 합의서를 채택하면서 작전 통제권이 미국에 있음을 다시 한 번 확인한 것이었다.

실질적으로는 주한 미군이 행사하지만 형식적으로는 주한 유엔군 사령부가 행사하던 한국군에 대한 작전 통제권은 1978년 11월 7일 창설된 한미 연합 사령부로 이관되었다. 참고로 한미 연합사의 사령관은 주한 미군 사령관이었다.

작전 통제권은 군에 부여된 작전 임무에 관해서 통제 · 조정하는 권한이다. 평시에는 전시를 대비한 전략 · 전술 훈련 및 지원에 관한 계획을 세우며, 전시에는 전장에서의 전투 임무 수행을 통제하는 것을 의미한다. 군사 행정과 군수 업무와 같은 군정 업무를 제외한 지휘관으로서의 권한을 의미한다. 이러한 상황을 고려하면 문화원에 뛰어든 대학생들이 미국을 탓할 만도 했을 것이다.

안보냐 인권이냐　1980년대는 한국 사회에 이른바 반미 운동이 거세게 일어났던 시기이다. 인권을 탄압하고 등장한 전두환 정권을 묵인하는 미국으로부터 진실의 목소리를 들어 보고자 했던 거친 외침들은 성조기 소각 사건(강원대생, 1982년), 또 다른 미국문화원 점거 사건(대구, 1985년)으로 이어졌고, 주한 미군에 의한 각종 사건 사고가 터지면서 더욱 거세졌다.

　그러던 와중에 미국의 해외 주둔군 전략도 크게 바뀌게 되었다. 과거와 같은 붙박이군 위주의 해외 주둔군 전략으로부터 신속 기동군 위주로 해외 주둔군 전략이 바뀌면서 평상시는 물론 전시 작전 통제권마저도 과거와 같은 형태로 고집할 이유가 약해졌다. 그래서 1980년 후반부터 한국과 미국은 작전 통제권 환수 문제를 연구하기 시작했고, 1991년에는 한국군과 한국 정부에 순차적으로 작전 통제권을 이양하기로 한미 양국이 합의했다. 평시 작전권은 1993~5년 사이에 이양하고 전시 작전권은 1996년 이후에 판단하기로 잠정 합의했던 것이다.

　그 결과 김영삼 정부 시절인 1994년에 평시 작전 통제권이 한국 정부에 환수되었다. 평시 작전 통제권 이양으로 한국군 합참의장은 평시에 한국군의 경계 및 초계 활동, 부대 이동, 전력 운용 등을 독자적으로 통제할 수 있게 되었다.

　나아가 노무현 정부 때인 2007년 2월에는 김장수 국방장관과 로버트 게이츠 미국 국방장관이 만나 전시 작전 통제권도 2012년 4월 17일 이양하며 이와 동시에 한미 연합사도 해체하도록 합의했다. 하지만, 2010년에 캐나다 토론토에서 열린 한미 정상 회담에서 이명박 대통령이 북한의 2차 핵실험 등 변화된 안보 환경과 우리 군의 준비 상황 등을 감안해 전시 작전권 환수 시기를 늦출 것을 요청했고, 오바마 대통령이 이를 수용해 전시 작전 통제권은 일단 2015년에 우리

군에 이양하는 것으로 합의되었다.

그런데도 우리 사회의 일각에서는 작전 통제권 이양을 마치 한미 관계가 소원해진 것의 상징으로 여기기도 한다. 뿐만 아니라 전시 작전권 환수 시기를 늦추라고 야단이다. 안보를 이유로 반정부적인 비판을 억눌러온 위정자들로서는 아쉽기 그지없는 일이었나 보다.

우리 헌법은 언제부터인가 안보를 인권에 앞세우기도 했다. 그 출발은 1972년 헌법이다. 1972년부터 국가 안보를 이유로 인권을 제한할 수 있다는 명문의 규정이 생겨났다. 제32조 2항에는 다음과 같이 규정되어 있다. "국민의 자유와 권리를 제한하는 법률의 제정 은 국가 안전 보장, 질서 유지 또는 공공복리를 위해 필요한 경우에 한한다."

국가 안보가 위협을 받는 불가피한 상황에서는 인권 제한이 있을 수 있다. 1972년 이전의 헌법을 예로 들면, 박정희가 군사 정변 후에 만든 1962년 헌법에도 이러한 상황을 우려하여 제32조에 다음과 같은 규정을 두고 있다. "모든 국민의 자유와 권리는 질서 유지 또는 공공복리를 위해 필요한 경우에 한하여 법률로써 제한할 수 있으며 제한하는 경우에도 자유와 권리의 본질적인 내용을 침해할 수 없 다." 국가 안보가 위태로운 사태란 대외적인 질서 유지가 곤란한 상 황인 바 질서 유지를 위한 목적으로 불가피하게 법률로 인권을 제한 하는 것이 가능했을 것이다.

그런데도 1972년 헌법에서는 왜 국가 안보를 새삼스레 헌법에 명문으로 규정했을까. 그것은 유신을 명분으로 인권을 탄압하는 정부에 반대하는 세력을 안보를 저해하는 사범으로 몰기 위한 지극히 유신적인 발상이 아니었을까? 유신 정권이 없어진 오늘날에도 그러한 발상이 아무런 자성 없이 계속되고 있는 셈이다.

졸업식에 웬 계란

1990년 2월, 영등포구에 있는 어느 고등학교 졸업식장. 요즘 아무리 졸업식이 형식화되었다고는 하지만, 뭐니 뭐니 해도 졸업식장의 하이라이트는 졸업생을 보내는 송사와 이에 대한 졸업생의 답사이다. 그리고 송사와 답사는 전례에 따라서 학교 측이 마련한 전형적인 문구로 준비되고 이를 통해 떠나보내는 애석함과 떠나는 자의 아쉬움을 표현하기 마련이다. 그런데 답사를 하는 학생회장이 예정에도 없는 답사를 하고 말았다. 그것도 자신이 직접 작성한 글로. 교장 선생님을 비롯한 학교 측이 발칵 뒤집혔음은 물론이다. 답사의 제목은 '우리는 이런 선생님과 이런 학교를 원한다' 였다. 학생회장은 이 답사에서 "입시 위주의 교육보다는 인간다움을 가르치는 선생님, 정

의를 일깨워 주는 선생님을 원한다"며 "전교조와 관련해 해직된 고
○○ 선생님 등 2명과 이 자리를 함께 하지 못한 게 못내 아쉽다"고
했다. 그러자 당황한 학교 측과 달리 졸업생들은 이구동성으로 힘찬
박수를 보냈다.

성동구에 있는 또 다른 고등학교 졸업식장, 졸업생 1,000여 명 가
운데 700여 명이 가슴에 노란색 리본을 달고 졸업식에 참석, 교장 선
생님이 인사말을 하는 도중 어떤 교사의 이름을 연호하는 바람에 인
사말이 중단되기도 했다. 학생들이 단 리본에는 '우리는 참교육을
받고 싶어요' 라고 적혀 있었다. 졸업생들은 전교조 가입을 이유로
해직된 나○○ 교사의 이름을 연호했던 것이다.

전국 교직원 노동조합(이하 전교조라 한다), 1990년대 우리 교단
과 교육 현실을 설명할 때 빠질 수 없는 단어이다. 당시 국가 공무원
법 제66조에는 집단행동을 금지하기 위해 '공무원은 노동 운동 기
타 공무 이외의 일을 위한 집단행동을 하여서는 아니된다' 고 규정하
고 이를 위반한 경우 징계하도록 했는데, 전교조에 가입한 국공립
학교 교사들의 경우 '노동 운동' 을 했다는 것이다. 또한 사립 학교법
제55조에서는 국가 공무원법 제66조를 준용하도록 되어 있었다. 이
유는 사립 학교에 근무하더라도 교사이므로 국공립 학교 교사에게
적용되는 집단행동 금지 조항이 그대로 적용된다는 것이었다.

이 두 법률에 의해 교사 1,516명이 교단을 떠났다. 이 중 170명은
피면되었고, 953명은 해임, 393명은 직권 면직되었다. 앞서의 두 고

등학교 졸업식에서의 일들은 바로 해방 이래 가장 많은 교사가 일시에 학교를 떠난 이 어마어마한 사태를 두고 학생들이 항의한 사건이다. 강동구의 한 고등학교에서는 이 학교 동창회장과 어머니회장상을 받게 된 학생들이 '동창회와 어머니회가 전교조 교사들을 쫓아내는 데 앞장섰다' 며 수상을 거부했고, 이러한 일련의 학생들의 자발적인 움직임으로 일부 학교는 아예 재학생 송사 및 졸업생 답사를 생략한 채 졸업식을 치르기도 했다.

단결권 외면한 헌법 재판소

손수건은 대게 멋스럽거나 우아한 무늬가 들어가기 마련인데, 내가 가지고 있는 손수건 중에는 그것과 거리가 먼 눈에 띠는 손수건이 하나 있다. 그것은 빨간색과 파란색 줄이 세로로 쳐진 동그라미 속에 해맑은 웃음을 짓고 있는 어린이의 모습, 그 밑에 검은 색으로 조그맣게 세 글자가 쓰여 있다. '참교육' 이라고.

교단을 떠난 교사들은 먹고 살길이 막막하여 일부는 식당도 열고 군밤 장수도 했다고 한다. 그 중 10명의 교사가 학용품 및 티셔츠 회사를 차려 손수건까지 제작해서 판매했는데 그 중의 하나가 내 손에 들어온 것이다. 애초에는 티셔츠 등을 만들었는데 인기를 끌자 상권

진입을 결심하고 외제가 범람하는 학용품 시장에도 뛰어들어 전교 조를 상징하는 '상표'가 부착된 갖가지 물품들이 생산 판매되었던 것이다.

　뿐만 아니라 교사들은 사립 학교법과 국가 공무원법이 위헌이라며 헌법 재판소에 헌법 소원을 제기했다. 해직된 사립 학교 교사들은 자신들을 해임한 77개 사립 학교 재단을 상대로 면직 처분 취소 소송을 제기하고 재판 진행 중에 면직의 근거가 된 사립 학교법 제55조의 위헌 법률 심판 청구를 신청했다. 결국, 전국 28개 재판부에서 헌법 재판소에 위헌 법률 심판★을 제청했다. 뿐만 아니라 사립 학교 교사들을 상대로 사립 학교법 55조를 위헌이라고

전교조 해직 교사 | 1990년 2월, 국회 앞에서 전교조 해직 교사들이 시위를 하고 있다.

청구하기 위한 서명을 받았는데, 전국의 사립 학교 교원 6만여 명 중 1만 2,000여 명이 서명에 참여하기도 했다.

교사들의 주장은 간단했다. 교사도 노동자이고 우리 헌법에 노동 삼권을 규정했으므로 이를 존중하라는 것이다. 좀더 부연 설명하면, 노동 삼권을 규정했으면서도 노동 삼권을 제한하는 법률이 두 개(사립 학교법 제55조, 국가 공무원법 제66조) 있으니 이를 위헌 무효로 해 달라는 것이다. 특히 사립 학교 교원들은 국공립 학교 교사가 아닌데도 교사라는 이유만으로 국공립 학교 교사와 똑같이 노동 삼권을 침해하는 법률(사립 학교법 제55조)을 적용하는 것은 말도 안 되는 억지 논리라는 것이다. 국공립 학교 교원들도 억울하기는 마찬가지라고 한다. 헌법에 노동 삼권(제33조)을 규정하고 있는데, 노동 삼권을 침해하는 법률(국가 공무원법 제66조)을 만든 것은 위헌이며, 가령 헌법에 공무원인 노동자는 법률에 따라서 노동 삼권을 인정한다(제33조 2항)고 했더라도 법률에서 막무가내로 노동 삼권을 부인해서는 안 된다는 것이다.

이에 대해 헌법 재판소는 교사는 노동자가 아니라 학생의 지도자이며 헌법에서 교원의 지위를 법률로 정하라고 해서 국가 공무원법과 사립 학교법에서 교사의 노동 운동을 금지한다고 규정했다는 것이다. 그러므로 전교조에 가입했다는 이유로 교사들을 해직한 것은 합헌이라는 것이다. 생계에 허덕이며 그리운 교단에 복귀하기를 목이 빠지게 기다리던 교사들의 간절함에도 불구하고, 위헌 청구 소송에 대한 심판을 무려 1년이 넘게 계류시킨 뒤였다. 이 같은 헌법 재판소의 합헌 결정은 역대 헌법 재판소의 최악의 판결 가운데 하나로 뽑혔다.

다만, 헌법 재판소의 변정수 재판관은 색다르게 위헌 의견을 내어서 주목받았다. 교사도 노동 관계법상 임금을 기초로 살아가는 사람들이므로 법률상 노동자임이 분명하며 헌법에서 일부 공무원들의 노동 삼권을 제한할 수 있다고 규정했다고 하더라도 노동 삼권을 송두리째 부인하는 것은 어불성설이라는 것이다. 그것도 5.16 군사 정부가 만든 엉터리 조항을 개정하거나 축소 해석하지 않고 헌법에 근거가 있다는 이유 하나만으로 밀어붙이는 것은 헌법에 노동 삼권이라는 인권을 규정한 취지에도 반한다는 것이다. 더구나 사립 학교법 제55조의 경우 사립 학교 교사가 국공립 학교 교사와 교사라는 동질성이 있기는 하나, 국공립 학교 교원이 교사이지만 공무원이기 때문에 노동 삼권을 제한한 것을 제멋대로 뒤집어서 같은 교원이기 때문에 사립 학교 교원의 노동 삼권을 행사하지 못하게 하는 것은 모순된 논리라는 것이다.

전교조 합법화되다

헌법 재판소의 이러한 합헌 결정에도 불구하고 전교조 교사들의 복직과 노동 삼권에 대한 논란은 계속되었다. 전교조는 각계의 후원과 지지 속에 꾸준히 합법화 운동을 벌였다. 1994년에는 100만 명이 넘는 국민의 서명을 받아 전교조 교사 복직을 위한 사립 학교법과 국가 공무원법의 개정이 국회에 청원되었으며, 1996년에는 해직되지 않은 전교조 가입 교사 2,700여 명의 명단을 아예 공개해 버리기도 했다.

1996년 대한민국 정부의 OECD(경제 협력 개발 기구) 가입은 전교조 교사들의 노동 삼권 인정에 커다란 전기가 되었다. OECD에 가입한 선진 28개 회원국 가운데 유일하게 우리나라만 교원의 노동기본권을 인정하지 않아 국내외적으로 전교조 합법화의 명분이 더욱 축적되었기 때문이다.

이를 계기로 1996년 12월 노동법 개정 때 전교조 합법화 논의가 시작되었다. 그러나 노동조합이라는 이름이 아닌, 예를 들면 한국 교원 단체 총연맹과 같은 교원 단체의 이름이라면 복수 교원 단체로 인정한다는 선에서 논의가 그쳐 소강상태를 맞기도 했다. 그러자 전교조에서는 전교조의 7개 시도 지부장과 168개 시군구 지회장을 아예 현직 교사로 구성하면서 정부와 국회에 압박을 가했다.

결국 김대중 정부 수립 후 교원 노조 합법화 논의가 재개되었고 1998년 하반기에 교원 노조 관련법이 국회에 상정되고, 1999년 1월 29일 이 법이 국회를 통과하면서 교원 노동조합이 합법화되었다. 당시 전교조에 회비를 내는 회원은 1만 5,000여 명이었으며, 후원회비를 내는 교사는 무려 2만여 명이었고 1,000여 개의 학교 분회를 가지고 있었다.

국회를 통과한 이른바 전교조법의 정식 명칭은 '교원의 노동조합 설립 및 운영 등에 관한 법률'이다. 이 법의 목적을 규정한 제1조를 보면 이 법의 우여곡절이 더욱 선명하다. "이 법은 국가 공무원법 제66조 1항 및 사립 학교법 제55조의 규정에도 불구하고 …… 교원의 노농소합 설립에 관한 사항을 정하고 교원에 적용할 노동조합 및 노동 관계 조정법에 대한 특례를 규정함을 목적으로 한다"고 하고 있다. 국가 공무원법과 사립 학교법을 그대로 놔두고 교원 노조에 대해서만 특별히 예외를 두겠다는 것이다.

이 법을 통해 전교조는 합법화되었다. 더 이상 불법 단체가 아니고 해직될 이유도 없어졌다. 그러나 이 법의 내용을 자세히 들여다보면 이 법이 절반의 성공에 불과하다는 것도 알 수 있다. 교원이 전국 단위의 노동조합을 설립할 수 있다(제4조)고 하여 노동 삼권 가운데 단결권을 인정하고 있고, 단체 협약을 체결할 권리를 가진다(제6조)고 하여 단체 교섭권을 인정하고 있는데, 일체의 쟁의 행위를 해서는 안 된다(제8조)고 하여 단체 행동권은 여전히 제한하고 있다. 교원의 노동 이권만을 인정한 법률이라고 하겠다.

아무튼 10년에 걸친 우여곡절 끝에 얻어낸 이 법률은 대한민국 인권사에 길이 남을 또 하나의 사건이었다. 헌법 재판소가 인권의 보루가 아니라 국회가 오히려 최후의 보루가 될 수 있다는 것을 보여준 사건이기도 하다. 일부 재판관은 국회의 선출을 받거나 대법원장이 지명하기도 하지만, 최종적으로 대통령이 임명하는 구조하에서 국민의 의사에 둔감할 수밖에 없는 재판관들로 구성되는 헌법 재판소보다는, 비록 선거 때문이라고는 하더라도 국민의 목소리를 무시할 수 없는 국회의원들로 구성되는 국회가 인권 보장의 수호자가 되어야 할 것이다. 인권 보장뿐만 아니라 민주주의 발전을 위해서도 국회가 자신의 역할과 소임을 더욱 열심히 해야 할 것이다.

제헌헌법 | 1948년 7월 17일 공포. 대통령, 부통령을 단원제 국회에서 간접 선거로 선출.

1차 개헌 | 1952년에 이승만 대통령이 장기 집권을 위해 계엄령을 선포하고 개헌을 단행. 정 · 부통령을 직접 선거로 뽑고 국회를 양원제로 함.

2차 개헌 | 1954년에 이승만 대통령의 장기 집권을 위해 개헌이 이루어짐. 초대 대통령에 한하여 연임 제한을 없앰.

3차 개헌 | 1960년 6월. 이승만 정권이 3.15 부정 선거에 의해 무너진 이후, 개헌을 통해 의원 내각제를 도입함. 같은 해 11월에는 3.15 부정 선거 관련자 및 친일파 처벌을 위해, 반민주 행위자 처벌을 위한 소급 적용을 허용하는 4차 개헌이 이루어짐.

5차 개헌 | 1962년 12월, 국민투표에 의해 개헌이 이루어짐. 박정희 주도의 군사 쿠데타로 헌정이 중단되고 군정으로 바뀐 이후, 민정 이양을 위한 헌법 개정을 통해 대통령제와 대통령의 연임 제한(2회), 단원제 국회를 주요 내용으로 하는 헌법 개정안이 확정됨. 1969년 10월에는 박정희 대통령의 집권 연장을 위해, 대통령의 연임 제한을 3회로 늘리는 6차 개헌이 단행됨.

7차 개헌 | 3선 개헌을 통해 1971년 재집권한 박정희 대통령은 1972년 10월에 '유신 헌법'으로 불리는 7차 개헌을 단행함. 간접 선거에 의한 대통령 선출과 연임 제한 철폐로 1인 독재의 기반을 마련함.

8차 개헌 | 1980년 10월, 전두환 대통령이 군사 쿠데타를 통해 집권한 이후, 임기 7년의 대통령 단임제 도입과 대통령에게 비상 조치권 및 국회 해산권을 부여하는 내용의 개헌을 단행함.

9차 개헌 | 1987년 6.10 민주화 운동을 통해 이루어낸 개헌으로 현행 헌법임. 1987년 10월 27일 국민투표에 의해 개헌이 이루어졌으며, 최초의 여야 합의에 의한 개헌으로 대통령 직선제와 임기 5년의 단임제를 주요 내용으로 함.

현대 한국 사회와 인권
chapter 6

인터넷과 인권

제이슨, 네 이름을 밝혀라   미국에서 성장한 재미 교포 제이슨 킴은 소수 민족으로서의 보이지 않는 차별과 멸시를 느끼던 중 흑인들의 자유분방하고 저항적인 춤을 접하고 온몸이 생동하는 느낌을 받았다. 그리고 그길로 춤에 매진하여 언더그라운드 무대에서 제법 유명해졌다.

대학 시절 한국에 온 제이슨은 여러 차례 전국 단위 댄스 경연에서 입상한 결과 PJY와 같은 대형 연예 기획사에서 안무 관련 일을 하게 되었다. 하지만 그는 여전히 배가 고팠다. 게다가 아직 대중들에게 널리 알려진 수준은 아니었고, 야망도 커서 자신의 인지도를 높이고 향후 댄스 가수로 데뷔하고자 했다. 이를 위해 대중의 이목을 끌 수 있는 핫이슈가 필요하다고 생각하고 자신이 미국에 있을 때 어셔, 비욘세, 레이디 가가 등과 함께 했던 공연 실황을 구글 코리아가 운영하는 사이트인 유튜브 게시판에 올리려는 계획을 세웠다.

나아가 춤에만 소질이 뛰어난 것이 아니라 컴퓨터와 각종 시사 상식에도 조예가 깊었던 제이슨은 미국의 유튜브에서는 자신의 실명이나 주민 등록 번호가 없이도 회원 가입을 할 수 있고, 로그인하여 익명으로 수많은 댓글을 올릴 수 있다는 사실을 알고 있었다. 이러한 허점을 이용하여 제이슨은 자신의 게시물이 현재 뜨거운 감자가 되고 있는 것처럼 보여 더 많은 누리꾼들의 관심을 끌려고 수많은 아이디를 만들고 팬들이 댓글을 단 것처럼 하려고 했다.

그러나 다음과 같은 글이 뜨는 바람에 글을 올리거나 의견을 개진할 수가 없었다. "본인 확인제로 인하여 한국 국적 설정 시 동영상/댓글 업로드 기능을 자발적으로 비활성화합니다(We have voluntarily disabled this functionality on kr.youtube.com because of the Korean real name verification law)."

쫄지 않는 악플, 찌질해지는 표현　　인터넷 본인 확인제란 게시판 운영자가 이용자의 본인 여부를 확인하는 제도를 말한다. 1회 본인 확인 후에는 ID나 별명으로 글을 게시할 수 있다. 만일 명예 훼손 등 문제 있는 글을 게시한 경우 본인 여부가 일단 확인되었기 때문에 IP 추적 등을 통해서 댓글을 유포한 사람들을 추적할 수 있는 제도이다.

우리나라의 '정보 통신망 이용 촉진 및 정보 보호에 관한 법률'에 따르면 일정한 요건에 해당하는 자, 예를 들어 국가 기관이나 지방 자치 단체, 일일 평균 이용자 10만 명 이상의 정보 통신 서비스 제공자(이른바 포털 서비스 업체)가 게시판을 설치 운영하려면 그 게시판 이용자의 본인 확인을 위한 방법 및 절차를 마련해야 한다. 이러한 조항은 연예인에 대한 각종 악플 사건 및 정부 비방 불법 게시물을 줄이기 위한 방편으로 도입되었다.

그러나 실제로는 익명성이 보장되지 않아 정부에 비판적인 의견을 제출하고 싶어도 자신의 신분이 노출될 것을 우려해 많은 사람들이 자기 검열을 통해 스스로 비판적 표현을 자제하게 되고, 결국 의사 표현 자체를 위축시킴으로써 민주주의의 근간을 이루는 자유로운 여론 형성을 방해받게 되었다. 반면에 악성 댓글을 달려고 하는 사람은 타인의 주민 등록 번호 등을 도용하여 오히려 악성 댓글을 더 안심하고 달 수 있는 실정이어서 실제로는 악성 댓글이 줄어들지 않고 있는 실정이다.

결국 댓글 문화의 해악의 범위에 대한 명확한 사회적 합의도 도출되기 어려운 상황에서, 책임 있는 의견이 개진되거나 위법한 표현 행위가 감소될 것이라는 추상적인 가능성만으로 사전적이고 포괄적으로 표현의 자유를 규제하고 있는 것이다.

현행 형사법에는 인터넷을 이용한 범죄에 있어서 명예 훼손죄나 모욕죄 등의 제재 수단을 이미 마련해 놓고 있다. 현재의 기술 수준

에서 사후적으로 게시물 표현자의 신원을 확인할 방법이 없는 것도
아니며, 이처럼 사후적 규제 수단이 마련되어 있음에도 불구하고 결
국 수사 편의 및 기술적 편리성에만 치우쳐 사전적, 예방적 규제만
이 능사라고 생각하고 이러한 법률이 제정된 것이다. 결국 온 국민
을 잠재적 범죄자로 취급하고 이에 따라 익명에 의한 표현 자체를 제
한하는 것이므로 최소 침해성의 원칙에도 반하는 과잉된 법률이라
고 하지 않을 수 없다.

내 사생활을 돌리도오 본인 확인제는 특정 규모의 게시판을 통해 온
라인에 글을 올리는 모든 사람들에게 모두 신원을 미리 공개할 것을
요구하고 있다. 우리 헌법이 인정하고 있는 사생활의 비밀과 자유를
보장하기 위해서 형사 소송법과 경찰관 직무 집행법이 '범죄 수사의
필요성'과 '합리적으로 판단하여 어떠한 죄를 범하였거나 범하려 하
고 있다고 의심할 만한 상당한 이유' 가 있는 경우에만 압수 수색과
불심 검문을 할 수 있도록 하고 있는 것과도 배치된다.

더구나 전기 통신 사업법 제52조 1항 3호에 따르면 전기 통신 사
업법 제51조에서 금지하고 있는 행위를 위반하는 경우 포털들이 모
든 게시글에 붙어 있는 개인 정보를 영장도 없이, 게시자에 대한 고
지도 없이 수사 기관들에 넘겨주고 있어 글쓰기를 할 때마다 실명을
국가에 등록하는 셈이 되고 있다.

본인 확인제는 자기 정보 통제권도 침해하고 있다. 정보 통신망

법에 따르면 인터넷 언론 이용자는 포털 사업자에게 이름과 주민 등록 번호를 제공하지 않고서는 인터넷 언론의 게시판에 의견을 제시할 수 없도록 하고 있다. 이름과 주민 등록 번호는 그 자체가 한 개인을 특정할 수 있는 매우 결정적인 정보이다. 그런데도 인터넷 언론 이용자는 언제 어느 곳에서 자신의 정보가 유출될지 알 수 없으며, 인터넷 언론사에 의해 어느 범위에서 저장되고 저장된 이후 어떻게 이용될지 알 수 없는 상태이다.

더군다나 곰곰이 생각해 보면 인터넷 매체가 아닌 다른 매체에서는 어떤 형태로든 실명제로 운용되고 있지 않다. 일부 작가들은 아예 실명 대신 필명을 쓰기도 한다. 역사적으로도 익명을 쓰는 예는 수없이 많다. 미국의 토머스 페인은 미국 독립의 아이디어를 『상식common sense』이라는 책을 통해 활자화했는데, 실명으로 출판하지 않고 영국 정부의 탄압을 피하기 위해 An English Man이라는 익명으로 출판했다. 알렉산더 해밀턴 등 미국의 연방주의자들은 미국 헌법의 기초가 된 『연방주의자 문서federalist papers』를 푸블리우스publius★라는 필명으로 출판했다. 실명을 썼을 경우의 선입

★ 푸블리우스라는 필명은 로마 왕정을 무너뜨리고 공화정을 세우는 데 중추적 역할을 담당한 푸블리우스 발레리우스 푸블리콜라의 이름을 딴 것이다. 푸블리우스는 브루투스(Lucius Junius Brutus) 등과 함께 로마제국의 마지막 황제인 타르퀴니우스를 무너뜨렸는데, 브루투스는 급진적 공화주의를, 푸블리우스는 연방주의를 주창하였다.

 세상을 바꾼 인권

견을 피하기 위한 목적도 있다. 『폭풍의 언덕』의 저자 에밀리 브론테는 여성 작가들에 대한 편견을 피하기 위해 액톤 벨acton bell이라는 필명을 사용하기도 했다. 조지 오웰, 볼테르, 졸라, 몰리에르, 오 헨리 등 수많은 문필가가 시대의 편견과 권력의 감시를 피해 익명으로 자유로운 비평과 예술 활동을 했다.

실명을 쓰는 경우에도 본인을 확인토록 하고 있지 않고, 본인 확인을 하지 않으면 표현을 아예 봉쇄하는 일도 없으며, 위반했다고 하여 이를 처벌하는 규정도 없다. 그런데도 우리나라의 사이버상에서는 10만 명 이상의 사이트라는 자의적인 기준을 세워 일일 이용자 10만 명 미만의 사이트 이용자와 차별하여 규제하고 있다. 불합리하게 평등권을 침해하고 있는 것이다.

트위터와 인권

제동 오빠, 닥치고 투표　개념 개그맨으로 불리는 김제동, 팔로워가 무려 60만. 2011년 10.26 서울시장 보궐 선거를 앞두고 트위터에 글을 올렸다. '닥치고 투표', '퇴근하시는 선후배님과 청년, 학생 여러분들의 손에 마지막 바통이 넘어갔습니다' 라고. 또 제동 오빠는 10.26 서울시장 보궐 선거 당일에는 '투표율 50%를 넘으면 삼각산 사모 바위 앞에서 윗옷 벗고 인증샷 한번 날리겠습니다' 라는 글과 투표소에서 찍은 인증샷을 날렸다.

이에 한 시민이 제동 오빠의 투표 독려 글을 공직 선거법 위반으로 고발했으며, 서울중앙지검 공안1부가 이를 배당받아 수사에 착수했다. 공직 선거법 위반이란다. 현행 공직 선거법은 탈법적인 방법에 의한 문서 도화의 배부 또는 게시를 통한 사전 선거 운동을 다음과 같이 금지하고 있다.

누구든지 선거일 전 180일(보궐 선거 등에 있어서는 그 선거의 실시 사유가 확정된 때)부터 선거일까지 선거에 영향을 미치게 하기 위하여 이 법의 규정에 의하지 아니하고는 정당 또는 후보자를 지지 추천하거나 반대하는 내용이 포함되어 있거나 정당의 명칭 또는 후보자의 성명을 나타내는 광고, 인사장, 벽보, 사진, 문서, 도화, 인쇄물이나 녹음, 녹화테이프 기타 이와 유사한 것을 배부 첨부 살포 상영 또는 게시할 수 없다.

공직 선거법이 만들어진 2005년만 하더라도 선거 관련법이 규제해야 할 대상은 이른바 낙천 낙선 운동이었다. 낙천 낙선 운동은 주로 문서, 도화, 인쇄물로 이루어지고 간혹 녹음, 녹화테이프를 활용하기도 했다. 스마트폰, 그리고 스마트폰을 이용한 트위터가 일반화되리라고 누가 상상했겠는가. 그래서 검찰이 적용한 것이 트위터를 이용하여 선거를 독려하면 '기타 이와 유사한 것'을 이용한 선거 행위라는 것이다. 그러자 트위터에 글이 하나 올라왔다. "기타의 방법

서울 YMCA 앞에서 100만 서명 운동을 벌이는 총선 시민 연대 | 낙천 낙선 운동이란 시민 단체가 공직 선거에서 부적절한 후보자를 대상으로 공천 반대와 낙선 운동을 하는 것이다. 낙천 운동은 각 정당에서 후보자간 경선 과정이나 당내 공천 심사 과정에서 부적격 인사를 선정·탈락시키고자 하는 운동이고, 낙선 운동은 후보 등록을 마친 인사 중 부적격 인사를 탈락시키고자 하는 운동이다. 2000년 1월 전국 412개 단체들로 구성된 '총선 시민 연대'가 발족하여 16대 4.13 국회의원 선거에서 부적절한 후보자에 대한 공천 반대, 낙선 운동을 전개했다. 4월 3일 공천 반대자 64명과 반인권 전력 및 납세 비리, 저질 언행 관련자 22명 등 모두 86명의 낙선 대상자 명단을 발표했다. 이 명단에 기초하여 피케팅이나 가두방송, 현수막 게시 등을 통해 특정 후보를 떨어뜨리는 운동을 전개했고 이에 대해 정치권에서는 총선 시민 연대의 낙천·낙선 운동은 불법이라고 비판했다. 그러나 총선 연대는 낙선 운동을 강행하면서 국민적 지지를 얻었다. 결국 86명의 낙선 대상자 가운데 59명(68.6%)이 실제로 떨어져 낙선 운동의 위력을 과시했다. 2000년대 한국의 유권자 운동, 참정권 운동, 시민운동을 상징하는 사건이다.

으로 선거법을 위반하셨군요. 여러분도 조심하세요. 기타 이와 유사
한 방법에 걸리지 않을 사람은 아무도 없을테니까요ㅋㅋ".

SNS 없인 못살아　개인화된 통신 수단이 전무했던 1970~80년대에
는 대부분의 젊은 남녀들이 '편지'를 활용해 이성 친구에게 연락을
했다. 집 전화가 있었지만 부모님의 눈치를 보거나 연락처를 알기
어려웠기 때문이다.

이후 1990년대 중반부터 전화선을 활용한 PC 통신이 각광받았
다. 천리안, 하이텔, 나우누리와 같은 PC 통신에서 모니터를 통해
낯선 사람과 실시간으로 대화를 나눈다는 것은 연애 혁명이자 문화
적 충격으로 다가왔다. 낯선 사람들과 온라인에서 만나 연애를 하는
풍조도 이때부터 생겨났다. 한석규, 전도연 주연의 영화「접속」은
이러한 시대상을 반영했다.

2000년 이후 인터넷과 휴대폰의 급속한 보급으로 인해 연애는
보다 간편하고 쉬워졌다. 밤늦게까지 통화할 수 있고 별도의 비용
없이 편지를 주고받을 수 있으며 '카페'로 통칭되는 각종 동호회는
물론 심지어 온라인 게임에서도 연애 상대를 만날 수 있는 시대가 되
었다.

2000년대 후반 스마트폰의 급속한 보급은 2030 남녀들에게 또
한 번 연애 혁명을 불러일으켰다. 청소년들의 의사소통 수단이 또
다시 바뀌었음은 물론이다. 카카오톡과 같은 무료 메신저 서비스와

페이스북, 트위터 등의 SNS 사용이 보편화 되면서 멀리 떨어져 있는 사람들도 이제는 같은 공간에 있는 것과 마찬가지가 됐다. 특히 SNS 는 PC 통신처럼 '낯선 타인에게 말 걸기'를 한 차원 업그레이드 시켰다.

물론 청소년들의 SNS 중독 증세도 심해지고 있다. KT의 조사에 따르면, KT에 가입한 스마트폰 사용자 915만 명 중 15세 미만 사용자는 93만 명(10.1%)에 달한다. 길거리에서 스마트폰 화면만 쳐다보며 걷는 초등학생을 발견하는 것은 흔한 일이다. 4학년 이상 초등학생의 경우 한 반의 절반 이상이 스마트폰을 사용하고 있다. 아이들은 같은 교실 안에서도 말을 나누는 대신 카카오톡으로 대화를 한다. 눈과 귀는 칠판을 쳐다보지만 손가락은 지속적으로 스마트폰 자판을 만지고 있다. 일부 아이들은 40분도 채 되지 않는 수업 시간을 견디지 못해 스마트폰을 사용하다가 뺏기기도 한다. 그야말로 스마트폰 페인이다.

선거 지형 뒤흔든 SNS SNS 중독증은 때로는 기성세대의 정치 지형을 일거에 무너뜨리기도 한다. 여당이 압도적으로 우세할 것으로 예상되었던 2011년 서울시장 보궐 선거에서는 파워 트위터리안과 열성 팔로워follower들의 투표 참여에 힘입어 야당 후보가 당선되기도 했다.

여당으로서도 고민이 아닐 수 없다. 한때는 낙천 낙선 운동이 선거 지형을 좌우하길래 이를 법적으로 규제했더니, 이번에는 SNS를 통한 선거 운동이 새로운 초강력 변수로 떠올랐다.

중앙 선거 관리 위원회로서도 고민이 아닐 수 없다. 공직 선거법 제93조를 만들 때만 해도 문서, 도화, 인쇄물과 같은 전통적인 선거 운동 매체만 규율하면 되었으나 인터넷과 스마트폰을 이용한 새로운 선거 운동이 나타나 선거판을 좌지우지하기 때문이다. 그것도 선거를 독려한다는 명분으로.

물론 공직 선거법이 새로운 매체에 의한 선거 운동 가능성을 전혀 염두에 두지 않은 것은 아니다. 공직 선거법 제93조에 보면 인쇄물 이외에 '기타 이와 유사한 것을 배부 첨부 살포 상영 또는 게시할 수 없다'고 하여 '듣보잡' 매체를 규율할 수 있는 여지를 남겨 두었다. 그리고 이에 근거하여 김제동의 트위터를 활용한 선거 운동을 공직 선거법 제93조 위반 즉 '기타 이와 유사한 것을 첨부 살포한 혐의'로 기소했던 것이다.

제동 오빠에 대한 이러한 처분에 대해 네티즌들이 '무슨 선거법이 이래?', '선거날 선거하라고 했다고 기소 유예?', '무혐의가 아니라 기소 유예라고?' 등의 비판적인 반응을 보이는 것은 어쩌면 당연하다. 이러한 규정이 선거 운동의 자유를 전면적으로 제한하는 것이기 때문이다. 또한 이러한 규정은 정치적 의사 표현의 자유를 제한한다. 더구나 오늘날처럼 SNS 등 인터넷 매체를 이용한 의사소통이 보편화되고 있는 마당에는 더욱 그러하다.

SNS사용 선거 운동 제한은 위헌 인터넷을 사용하는 정치적 의사 표현은 오히려 장려되어야 한다. 인터넷은 누구나 손쉽게 접근 가능한 매체이고, 이를 이용하는 비용이 거의 발생하지 아니하거나 또는 적어도 상대적으로 매우 저렴하여 선거 운동 비용을 획기적으로 낮출 수 있기 때문이다.

우리 사회가 공직 선거에 있어서 돈 선거, 부정 선거에 골머리를 썩여 온 것은 널리 알려진 바이다. 오직하면 선거법의 정식 명칭이 한때 '공직 선거 및 선거 부정 방지법' 이었겠는가. 그런 의미에서 보면 선거 운동 비용을 획기적으로 줄일 수 있고, 그래서 검은 돈의 거래가 줄어들 수 있고, 나아가 손쉽게 선거 운동을 할 수 있는 SNS 등과 같은 인터넷 매체의 출현은 반가운 일이 아닐 수 없다.

SNS 등과 같은 인터넷 매체는 오히려 장려되어야 한다. 매체의 특성 자체가 '기회의 균형성, 투명성, 저비용성의 제고' 라는 공직 선거법의 목적에 부합하기 때문이다. 인터넷은 정보를 접하는 수용자 또는 수신자가 그 의사에 반하여 이를 수용하는 것이 아니고 자발적, 적극적으로 이를 선택(클릭)한 경우에 정보를 수용하게 되며, 선거 과정에서 발생하는 정치적 관심과 열정의 표출을 부정적으로 볼 것은 더더욱 아니기 때문이다.

그래서 우리 헌법 재판소는 지난 2011년 나름 획기적인 결정을 했다. 공직 선거법 제93조의 '기타 유사한 것' 에 SNS 등과 같은 인터넷 매체를 통한 선거 운동을 포함하는 것은 위헌이라는 것이다.

헌법 재판소 내에 이견이 없었던 것은 아니다. SNS 등과 같은 인터넷 매체를 이용한 선거 운동이 무제한 쏟아질 경우 선거가 과열되어 선거의 평온성과 공정성을 해할 가능성이 있기 때문이다. 그러나 헌법 재판소는 6대 2로 위헌 결정을 선고했다. 이에 따라 당장 트위터를 비롯한 SNS 등과 같은 매체를 활용한 선거 운동은 무죄가 되고 이를 규제할 수단이 사라졌으며, 정당이나 특정 후보에 대한 지지 반대 등 자유로운 선거 운동이 가능해졌다. 뿐만 아니라 UCC(이용자 제작 콘텐츠), 블로그, 인터넷 사이트를 통한 정치 활동과 선거 운동이 가능해졌다.

청소년과 인권

머리카락과 교복

모태 브라운 머리카락이 태어날 때부터 '브라운'인 여자 중학생이 있었다. 학교생활은 모범적이고 공부도 열심히 한다. 그런데 중학교에 입학하고 얼마 있지 않아 선도부에 걸렸다. 학생이 왜 머리를 염색하고 다니냐는 것이었다.

적발이 되고 나서 이 학생은 심하게 스트레스를 받았다. 부모는 아이에게 "선도부에게 모태 브라운이라고 설명했어야지"라고 달래어 보지만, 울상이다. 설명해도 들어주지 않고, 선생님은 벌점을 주었다고 한다. 그래서 더욱 울상이다.

옛날 같으면 그냥 혼나고 말았을 것인데 요즘은 수행 평가 제도가 있어서 혼도 나고 벌점도 받고 그런다. 부모도 속상하다. 1970년대에 있었을 법한 일이 개명 천지인 2012년에도 일어나기 때문이다. 군사 문화가 사라지고 있으니 선도부도 없어지고, 머리카락 단속하는 그런 것쯤은 당연히 없어졌을 것으로 생각했으나 그게 아니었다.

무릎 위 몇 센티미터　중학생이 되어 키가 부쩍 커버린 여학생이 있었다. 학교생활은 역시 모범생이고 공부도 열심히 한다. 그런데 기말고사가 끝나고 얼마 되지 않아 선도부에 걸렸다. 복장 불량으로 적발된 것이다.

　적발이 되고 나서 이 학생은 심하게 열 받았다. 부모는 아이에게 "치마를 짧게 입거나 접어 입은 것이 아니라고 선도부에게 설명했어야지"라고 아이를 나무라지만, 그래서인지 아이는 더 열 받는다. 키가 갑자기 커져서 교복이 무릎 위로 불쑥 올라온 것이지 접어 입은 것이 아니라고 설명했지만, 어쨌든 복장 불량이란다. 벌점을 받고 교내 봉사 활동 3시간에 처해졌다.

학생도 인간이다　학교는 왜 그렇게 학생의 머리카락과 복장에 집착하는 것일까. 명분이 없는 것은 아니다. '학생이 학생다워야지', '공부할 시간도 부족한데 꾸밀 시간이 어디 있어.' 지당한 말씀이다. 그러나 머리가 길면 학생답지 않은가, 머리에 색깔이 들어가면 학생답지 않은가? 그래서 학생들은 방학 시작과 함께 염색을 하거나 머리 코팅을 하고 방학이 끝나면 검정 머리로 개학을 맞이하기도 한다고 한다. 덕분에 심지어 '모태 브라운 사례'에서 나온 것처럼 태어날 때부터 갈색인 학생들은 엉뚱한 피해를 입는다. 그래서 모태 브라운 증명서(천연 머리 증명서)가 필요하다. 증명서의 발급자는 부모이다. 그래서인지 만일 진짜 염색 머리의 경우도 부모와 아이가 공모하면 완전 범죄가 된다. 그래도 머리카락을 단속할 것인지 묻고 싶다. 머리카락에 대한 집착이다.

머리카락에 대한 집착은 어디서 많이 보던 훈시이다. 1970년대 박정희 정권 시대에는 학생들만 두발과 복장을 단속한 것이 아니었다. 온 국민을 대상으로 이루어졌다.

채플 거부

2PM군 소송하다 평범한 고등학생으로 오후 두 시만 되면 졸린다는 이평민군. 그러나 노래를 잘해서 친구들은 그의 이름의 이니셜을 따서 그를 2PM이라고 부르기도 한다. 이군은 평소 종교를 가지지 않았던 학생인데도 고교 평준화 정책에 따른 고등학교 강제 배정의 결과 독실한 기독교 재단이 설립한 DK고등학교에 입학했다.

DK고등학교의 설립자는 종교적 박해를 피하고 기독교 이념을 전파하기 위해 월남한 뒤, 종교적 실천을 위해 고등학교를 설립했다. 그래서 이 학교에서는 매주 수요일 정규 교과 시간에 강당 등에서 한 시간가량 찬송과 목사의 설교, 기도 등을 하는 수요 예배를 진행했다. 부활절에는 정규 교과 시간에 부활절 예배를 진행했으며, 부활절을 전후한 3일간은 정규 수업 시간의 일부로 심령 수양회라는 시간을 편성하여 설교 및 기도 등을 진행하고 있다. 또한 매년 반별 성가 대회를 개최했고 추수 감사절에는 정규 수업 대신 감사 예배를 드리고 성탄절에는 학생들을 교회에 강제로 출석시키고 있다.

평소 종교가 없던 2PM군은 학교가 일방적 종교 행사를 거행하면서 학생들에게 동의를 구하지 않을 뿐만 아니라 자율적 참여를 보장하지도 않아 불만이 이만저만이 아니었다. 게다가 학생들이 경건회와 같은 기독교 특정 종파에 대한 교육을 실시하는 시간에 참석하지 않으면 지각으로 처리하고 주의를 주기도 했다.

그런데 수요 예배가 있는 어느 날, 교실에서 낮잠을 자느라 수요 예배에 참석을 못했는데, 학생과장 선생님이 학급을 돌아다니며 참석하지 않은 학생이 있는지 확인하여 참석하지 않은 학생들에게 화장실 청소 10시간을 시키는 등 불이익을 주자, 곧 있을 학생회장 선거에 출마해 이러한 문제점을 지적하기로 마음먹었다.

그러나 학생회 회칙에 학생회장의 조건으로 '교회에 1년 이상 다녀야 한다'는 규정을 두고 있어 학생회장에 출마하기도 여의치 않음을 깨달았다. 그래서 2PM군은 이러한 학생회 회칙상의 자격 요건을 시정하여 줄 것을 학교의 교목 목사에게 건의했으나 묵살당했고, 담임 교사와 교장 선생님에게 이에 대한 문제점과 강제 예배 참가의 문제점을 지적했으나 오히려 학교 방침을 따르지 않는다며 훈계만 들었다.

이에 반발한 2PM군은 대학생 형들의 투쟁 방법을 참조하여 서울시 교육청 앞에서 1인 시위를 하기도 하고, 종교의 자유를 달라고 단식 농성을 하기도 했다. 그러나 그에게 돌아온 것은 퇴학이었다.

모든 국민이 종교의 자유를 갖는다는 헌법 규정에 비추어 보면 얼마나 황당한 이야기인가. 그러나 이것은 실제 상황이다. 강의석이라는 학생이 대광고등학교에서 실제로 겪었던 이야기이다.

채플 그 후 강군은 종교의 자유가 침해되어 정신적 손해를 입었다고 민사 소송을 제기했다. 1심은 "학생들의 신앙의 자유는 교육 기관에서의 종교 교육의 자유보다 더 본질적이며 강 씨의 퇴학 처분은 학교의 징계권 남용"이라며 대광고등학교는 강의석 군에게 위자료로 1,500만 원을 배상하라고 판결했다. 이에 비하여 고등 법원은 "학교가 종교 행사를 강제했다고 보기 어렵다"며 오히려 학교 측의 손을 들어주었다.

그러나 대법원*에서는 "대광고등학교가 특정 종교 행사에 참여하지 않은 학생에게 불이익을 줘 신앙이 없는 강 씨에게 사실상 참석을 강요했고, 반복된 이의 제기에도 대책을 마련하지 않은 것은 기본권을 고려하지 않은 처사"라고 했다.

사실 대광고등학교도 억울한 측면이 없는 것은 아니다. 선교를 목적으로 고등학교를 설립했는데, 고교 평준화가 실시되어 학생 선발권을 갖지 못하기 때문이다. 이에 대하여 헌법 재판소는 '고교 입시 과열을 해소하여 중학교 교육이 입시 과목 위주로 편성되는 것을 막아 학생에 대한 전인 교육이 이루어지도록 교육 과정을 정상화하고 고등학교 사이의 격차를 해소하여 고등 교육의 질적 균등과 확대를 위하여 (고교 평준화가) 불가피하다'고 보고 있다.

종교 교육 OK, 종파 교육 NO 종립宗立 학교(사립 학교 가운데 종교 교육을 목적으로 설립한 학교)의 종교 교육의 자유도 존중하고 학생의 종교의 자유도 인정하기 위한 가장 근본적인 방법은 고등학생 선발권을 각 고등학교에 돌려주는 것이다. 그러나 그랬을 때의 부작용과 폐해가 적지 않았던 우리의 교육 현실을 고려하면 다른 방법이 강구될 수밖에 없을 것이다. 이러한 평준화 정책에서 학생의 인권도 지키고 학교의 종교 교육의 자유도 지킬 수 있는 방법은 없는 것인가.

물론 없는 것은 아니다. 법원은 종교 교육을 목적으로 설립된 미션 스쿨이 학교의 설립 이념이 된 특정 종파의 교육을 실시하되 이를 거부하는 학생들에게는 일반적 종교 교육 과목을 들을 수 있도록 선택의 여지를 주라고 했다. 기독교 학교에서 불교 시간을 두기는 쉽지 않을 것이고 종교학 개론 같은 선택 과목을 두면 될 것이다.

이렇게 되면 고교 평준화라는 큰 틀 아래서도 특정 종파 교육을 거부하는 학생들의 인권을 존중하면서도, 특정 종파의 교육을 할 수 있는 길이 열리는 셈이다.

평화와 인권

웬 병역 거부　연평도 포격 사건이 터지고 얼마 되지 않은 2010년 12월 14일, 문명진이라는 청년이 국방부 앞에서 기자 회견을 했다. "끊임없는 전쟁의 시대, 살상을 거부할 권리"를 위해 병역을 거부한다고 선언했다. 그는 이렇게 호소했다. "초토화되는 것은 북의 해안포가 아니라 누군가의 삶 혹은 우리의 인간성입니다 …… 지금처럼 계속 서로에 대한 공포와 적대심만 키워 나간다면 앞으로 눈물을 흘릴 사람들은 더 많아질 것입니다."

　　연평도 사태 이후라 우리 사회에 북한과 싸우자는 분위기가 들끓던 시절에 문명진은 병역 거부를 선언했던 것이다. 좀더 정확히 이야기하면 살상을 거부할 권리를 선언한 것이다. 여호와의 증인이 아

양심에 따른 병역 거부권 실현과 대체 복무 제도 개선을 위한 연대회의 발족식 | 2001년에 병역 거부를 선언한 오태양 씨(오른쪽)가 발언을 하고 있다.

닌 자가 병역을 거부하기 시작한 지 딱 50번째였다.

임재성 씨는, 2004년 12월 입영 통지서를 받고 이를 거부했다. '전쟁 없는 세상' 이라는 양심적 병역 거부자들, 주로 종교적 양심에 따라 병역을 거부한 사람들의 활동을 지원하던 단체에서 봉사 활동을 하던 임재성은 '평화를 실현하기 위한 진지한 성찰' 끝에 입영을 거부하기로 했다며 병역 거부를 선언했다. 항소 이유서에서는 "군사 훈련을 배제한 다른 방식의 복무를 통해 사회 구성원으로서의 의무를 다하고 싶었지만 안타깝게도 병역법은 그런 기회를 주지 않는다"고 했다. 평화주의적 양심에 따른 첫 번째 거부였다.

불교 신자인 오태양 씨는 2001년 12월 17일 입영을 거부했다. 살생을 금하는 불교적 교리에 어긋나게 군사 훈련을 하는 곳에 입영할 수 없다며 병역을 거부했다. 매년 500여 명씩 종교적 이유로 병역을 거부했던 여호와의 증인 신자가 아닌 사람이 병역을 처음 거부했다. 여러 시민운동 단체가 연대 회의를 구성하고 양심적 병역 거부에 대해 본격적으로 대체 복무 제도를 논의하기 시작했다.

국방의 의무를 규정하고 있고, 군대 다녀온 것이 훈장처럼 여겨지거나 훈장까지는 아니더라도 시민권의 상징인 것처럼 여겨지던 사회에서 갑자기 웬일이냐 싶다.

알고 보니 여호와의 증인을 중심으로 양심적 병역 거부가 꾸준히 이어졌고, 가혹하게 처벌받아 왔지만 사회적 쟁점이 되지 못했단다. 반공과 냉전의 논리만이 허락되던 군사 정부 시기에서는 양심적 병역 거부자는 병역 기피자이며, 이단 종교자라는 이중의 낙인이 찍혀 사회적 주목을 받을 자격조차 얻지 못했던 것이다.

이러한 상황이 2001년 『한겨레21』이라는 잡지에서 '차마 총을 들 수 없어요' 라는 특집을 통해 세상에 알려지면서 연간 500여 명씩의 전과자가 양산되고 있다는 사실이 새롭게 부각되었고, 오태양, 임재성을 비롯해 여호와의 증인 신자가 아닌 사람들 중에서도 병역을 거부하는 경우가 늘어나면서 사회적 쟁점이 되었다.

총을 들지 않은 사람들 양심이 허락지 않아 총을 들지 않는 사람들 즉, 양심적 병역 거부자란 "징집 대상자로서 양심상의 이유나 종교적, 인종적, 도덕적, 인도주의적, 정치적 또는 유사한 동기로부터 나오는 깊은 신념에 따라 군복무 혹은 다른 직간접적인 전쟁 및 무력행위에 참여하는 것을 거부하는 사람"이라고 정의할 수 있다.

자신의 신념만 중요하게 여기면 나머지 사람들은 어떻게 하라는 말인가 반문하고 싶을 것이다. 알고 보니 한국 사회를 비롯한 많은 나라의 양심적 병역 거부자들은 군대도 안 가고 아무것도 안 하겠다는 것이 아니라, 남들이 하는 병역 의무도 할 터이지만 나의 신념도 존중하고 싶으니 그 절충점으로 병역 의무를 넓게 이해하여 공익을 위해 대체 복무를 하게 해 달라는 것이다. 이미 신체적 이유 등 각종 이유로 공익 근무 요원 같은 대체 복무 제도가 도입되어 있으니 양심 또는 신념을 이유로 해서도 총만은 들지 않게 해 달라는 것이다.

그럼 남들은 군에 가서 고생하는데 신념을 이유로 편히 가겠다는 것 아닌가 하는 의문도 적지 않다. 그런데 알고 보니, 군복무에 해당하는 기간 또는 그 이상을 근무하게 하여 개인의 평화적 양심도 존중하고 징병 제도의 전체적인 틀도 유지하면 되는 것 아니냐는 것이다.

2008년 현재 병역 제도가 확인된 170여 개 나라 가운데 83개 국가가 징병 제도를 유지하고 있다. 이 중 31개 국가에서 '양심적 병역 거부권'을 법적 · 제도적으로 인정하고 있다. 숫자상으로만 본다면 병역 거부를 인정하는 국가가 과반수가 되지 않지만 병역 제도가 느

슨해서 대체 복무제가 아니더라도 다른 방법이 있는 국가가 대부분이고, 절차적 민주주의가 확보된 국가 중에서는 터키 정도를 제외하고는 한국이 유일하다고 한다. 분단되어 있던 독일에서도 인정했고, 중국과 군사적 긴장 상태에 있는 대만에서도 인정하는 제도이다.

총을 들지 않을 권리 양심적 병역 거부에서 쟁점이 되는 부분은 집총을 거부하는 양심의 자유와 국방의 의무와의 충돌이다. 그러나 우리나라의 법체계는 이미 헌법에 규정하고 있는 국방의 의무를 전 국민의 현역 복무, 집총 복무로 이해하지 않고, 국가 안보에 기여할 의무, 재해 방지 의무 등 포괄적이고 넓은 뜻으로 이해하여 왔다. 이는 우리나라의 대체 복무가 광범위하게 시행되어 왔음을 통해서 증명된다.

현역 복무에 대한 대체 복무의 효시는 방위 소집제이다. 우리나라는 1969년 2월 현역 복무의 대체 복무로써 방위 소집제가 시행되었고, 1973년에는 특례 보충역이라는 이름으로 한국 과학 기술원생, 군수 산업체 및 연구 기관에 종사하는 연구원 등으로 하여금 대체 복무를 하도록 규정했다.

2011년 8월 31일 현재 공익 근무 요원 5만 4,000여 명, 산업 기능 요원 등 2만여 명, 전문 연구 요원 6,000여 명, 공중 보건의 5,000여 명 등 9만여 명이 넘는 젊은이들이 현역이 아닌 대체 복무를 통해 병역의 의무를 대신하고 있다(2005년만 하더라도 대체 복무를 수행하는 사람들이 20만 명에 달했지만 사회 복무제로의 변화 등으로 최근 급감하는 추세이다).

이러한 상황에도 정부와 사법 당국은 병역법 제88조 제1항★을 매우 좁게 해석하여 입영 이전에 양심을 이유로 입대를 거부하거나 대

체 복무를 희망한 자들을 정당한 사유 없이 소집에 불응한 자들이라고 하여 병역 거부 전과자로 만들고 있으며, 입영 이후의 집총 거부자(무기를 쥐기를 거부하는 사람)는 군형법상 항명죄에 의해 처벌하도록 하고 있다.

그 결과 해마다 500명 이상의 양심적 병역 거부자들이 대부분 1년 6개월(2001년 이전까지는 3년) 형을 선고받고 감옥에 가고 있다. 해방 이후 현재까지 1만 7,000명이 넘는 전과자 아닌 전과자가 양산되고 있는 것이다.

평화롭게 강정 살자

붉은발 말똥게의 고향 강정　우리나라 최남단 제주도의 서귀포, 이곳

경찰과 충돌하는 시위대 | 해군 기지 건설을 막기 위해 강정 마을에서 시위대가 경찰과 몸싸움을 벌이고 있다.

에 강정이라는 마을이 있다. 이곳은 제주도 가운데에서도 가장 물이 많고 가장 깨끗한 곳으로 예로부터 일강정─江汀이라고 불렸다. '강정'이란 바다와 접한 하천을 말하는데 일강정이라고 불렸다는 것은 강정 중에서도 제일이라는 뜻이다.

강정 마을은 구럼비 바위로도 유명하다. 용암 바위인 구럼비 바위는 하나의 바위임에도 불구하고 무려 길이가 1.2킬로미터에 이른다. 이는 세계적으로도 드문 일이다. 게다가 이 바위는 멸종 위기에 있는 붉은발 말똥게의 생식지이기도 하다. 붉은발 말똥게는 최상급의 강정, 즉 바다와 접한 하천 유역이 아니면 살지 못한다. 이를 보더라도 제주 강정 마을이 얼마나 물이 좋은 곳인가는 가히 짐작하고도 남음이 있다. 그래서 구럼비 바위는 마을의 상징이고, 신령스런 존재이기도 하다.

그런데 인구 1,900명 남짓의 이 평화로운 마을에 지난 2010년 9월, 경찰 1,000여 명이 투입되었다. 사실 이 마을은 2005년 무렵부터 이곳에 해군 기지를 건설하려는 정부의 움직임에 반대하는 투쟁이 이어지고 있었는데, 이 움직임을 진압하기 위한 것이었다. 해군 기지 건설 반대 위원회의 위원장은 자신의 몸을 망루에 쇠사슬로 묶고 저항했으며, 마을 주민들도 격렬하게 저항했으나 결국 농성을 하던 100여 명의 사람들은 해산되고 말았다.

이러한 강제 진압은 그 다음 날부터 진행할 예정이던 해군 기지를 건설하기 위한 사전 정지 작업이었던 것이다. 해군은 경찰의 보호 하에 항구 건설을 위한 철책을 두르고, 철책 뒤에서 마을의 상징인 구럼비 바위 폭파 작업을 진행했다.

군항을 건설해야 한다고요? 최근 10여 년 동안 우리 정부는 다양한 논리로 한반도 최남단 제주도에 해군 함정이 기항할 수 있는 항구를 건설해야 한다고 역설했다. 평화와 인권을 내걸었던 노무현 정부에서조차도. 그리고는 해군항 건설이라는 말이 너무 직설적이었던지

'민군 복합항을 만들고 거기에 크루즈 선박도 정박할 수 있는 관광 미항으로 하겠다' 고 덧붙였다.

강정 마을에 해군 기지를 건설해야 하는 이유는 동아시아 지역에서 발생할 수 있는 해양 갈등에 대비해야 해야 한다는 것이다. 중국과 일본이 센카쿠 열도 문제 등 영토를 둘러싸고 갈등이 있다는 것은 잘 알려진 일이다. 그런데도 한국과 미국 그리고 일본은 이곳에서 공동 해상 훈련을 실시하고 있다.

대결은 상호간에 점점 고조되기 마련이어서 잠재적 위협을 느낀 중국은 이에 대한 공개적인 불만을 여러 차례 터뜨렸다. 실제 중국은 관변 학자들을 통해 '한국 정부가 건설을 강행하는 제주 해군 기지가 미국 주도의 미사일 방어(MD) 시스템 계획에 이용될 수 있을 뿐더러, 미국의 중국 봉쇄에 활용될 가능성' 을 지적하고 제주도가 '혐오의 땅으로 바뀔 수 있다' 고 맹비난을 퍼붓고 있다.★

사실 미국은 지난 10여 년간 적자 예산 등을 이유로 해외 해군 기지 건설을 자제하고, 대신에 동맹국에게 더 많은 기항지를 요구하고 있다. 한국도 그동안 해양 타격 및 방위 능력을 증대하고 해상 제어권을 강화해 왔다. 한미일 공동 해상 훈련(RIMPAC)★★도 그 일환이었다고 보인다. 그 밖에도 소말리아에서의 미해군 주도의 연합 해군에 우리나라의 청해 부대가 참가했고, 대량 살상 무기 방지 구상

Rim of the Pacific Exercise. 유사시 태평양의 중요 해상 교통로 안전을 확보하고, 태평양 연안국 해군간의 연합 작전 능력을 강화하기 위해 1990년부터 미국을 중심으로 2년마다 실시되고 있는 다국적 해군 연합 기동 훈련으로, 환태평양 군사 훈련이라고도 한다. 1990년 훈련 당시에는 한국을 비롯해 미국·일본·영국·캐나다·오스트레일리아 등 6개국 해군이 참가했다. 당시에는 소련의 태평양 함대를 겨냥해 유사시 해상 수송로를 보호하는 데 목적이 있었다. 그러나 현재는 미국이 아시아를 군사적 충돌 가능성이 가장 높은 지역으로 평가하고 중국의 군사 대국화 가능성에 경고음을 울리기 위한 훈련으로 삼음으로써 중국 등 동북아시아 열강의 긴장감을 고조시키기도 한다. 미국이 21세기 군사 전략의 중심을 유럽에서 아시아로 이동하면서 이 훈련의 규모 역시 강화되었는데, 2000년에는 기존의 6개국 외에 칠레가 합류했고, 영국에서만도 2만 2,000여 명의 군인과 해상 경비대가 참여해 가상 적국에 대한 공중 반격, 난민들에 대한 인도적 지원 훈련도 병행했다. 우리나라도 수상함·잠수함·대잠초계기 등을 파견하고 있으며, 일본 역시 해상 자위대 병력 2,000명과 군함 8척, 잠수함 및 보급선, 대잠초계기 등을 파견함으로써 해상 자위대의 참여 범위를 확대하고, 2002년부터는 공식적으로 다국적 훈련 참가를 천명함으로써 집단적 자위권 논란을 불러일으키는 등 주변국의 비난을 사고 있다.

(PSI)에도 참가했다.

이러한 일련의 한미 동맹 관계를 살펴보면, 제주도에 군항이 건설되면 미국 해군 함정이 기항할 가능성은 더욱 높아지고, 유사시 중국은 결국 강정 마을을 표적으로 삼을 가능성이 높아진다. 특히 단순한 관광 미항이 아니라 해군 기지 건설을 목적으로 하고 있음을 밝히는 '제주 해군 기지 이중 협약서'가 공개되면서 이러한 우려가 더욱 커지고 있다. 강정 마을과 제주도가 주민들의 의사와 무관하게 전쟁에 휩쓸려 평화적 생존권이 송두리째 침해받을 위험이 있는 것이다.

　평화적 생존을 위한 주민들의 외침이 단순한 님비 현상★이 아니라 생존의 문제임을 실감하게 하는 대목이다.

평화적 생존권을 침해함　평화적 생존권은 모든 인권의 출발점이다. 평화적으로 생존조차도 하지 못하는 곳에 인권이 존재할 리 만무하다. 평화적 생존이 보장되어야 그 위에 언론 출판의 자유, 신체의 자유, 양심의 자유 같은 것이 보장될 수 있다. 평화적 생존이 위협받는 전쟁에서는 긴급 조치와 명령이 난무할 뿐, 언론 출판의 자유니 양심의 자유니 하는 인권이 보장될 수 없는 노릇이다.

　평화적 생존권의 이념적 기초는 다름 아닌 현행 헌법의 평화주의 원리이다. 평화주의란 헌법의 기본 원리 가운데 하나이며 헌법의 이념적 기초, 지도 원리이다. 현행 헌법의 경우 전문과 본문의 제5조(침략 전쟁 부인, 국군의 사명으로서의 국토방위) 등에 표현되고 있다. 헌법 원리로서의 평화주의는 다른 헌법 조항을 비롯한 모든 법령의 해석 기준이 되며, 공권력 집행의 기준이 된다. 또한 입법권의 범위와 한계 그리고 국가 정책 결정의 방향을 제시하는 것이어서 국가 기관과 국민이 존중해야 할 최고의 가치 규범이다.

　　평화적 생존권은 이러한 평화주의를 인권적 관점에서 재구성한 것이다. 평화주의에 기초해 침략 전쟁을 부인하지 않으면, 두 번에 걸친 세계대전에서 보는 것처럼 침략 전쟁이 난무하여 인간의 평화적 생존이 위협받을 것이고, 사람이 죽거나 죽을 상황에 처한 상황에서는 사생활의 자유니 거주 이전의 자유니 표현의 자유니 하는 자유와 권리는 제대로 보장받을 수 없기 때문이다. 그러므로 국가가 전쟁을 대외 정책 수단으로 삼지 않도록 평화적 생존권이라는 인권의 이름으로 견제할 수 있어야 한다.

생명과 인권

사형제

'때려죽일 놈' 김 아무개는 이른바 백수이다. IT 업계에서 한때 잘 나가던 그가 백수가 된 것은 그놈의 IMF 때문이다. 화병으로 성질도 불같아졌다. 결국 부인과 아이들도 떠나고 백수가 되었다. 그러던 그가 손재주가 좋은 털이범을 만난 것은 백수가 되고 나서 6개월쯤 지나서였다.

한 건하기로 하고 빈집을 골랐다. 그런데 나오는 길에 귀가하던 주인집 여자를 보았다. 윤간을 했고 여자가 저항하자 두려워 그만 여자를 죽이고 말았다. 살인 및 특수 강간 등의 혐의로 기소되었다. 속된 말로 '때려죽일 놈' 이다.

번뜩 정신이 들어 뉘우치고 반성했으나 때는 이미 늦었다. 결국

1심 및 2심에서 사형을 선고받았다. 실의에 빠진 그를 보고 변호사
는 나쁜 짓을 했으나 죗값으로 사형은 심하다며 대법원에 상고를 하
면서 사형을 규정한 형법 제250조가 생명권을 침해하는 것이니 위
헌 법률 심판을 청구하도록 했다. 면목이 없었지만 그렇게 했다.

계속되는 나쁜 넘들　원래 사형을 규정한 것은 나쁜 짓을 하면 큰일
난다는 것을 보여 주기 위해서이다. 로크는 생명, 자유, 재산을 보호
하기 위해 개인들이 사회 계약을 맺었고 국가는 이를 보호할 사명을
가지고 있다고 했다. 그런데도 근대 국가가 사형이라는 극단적인 국
가 정책을 선택한 것은 이른바 본때를 보여 주기 위해서이다. 형사
정책에서는 이를 일반 예방 효과라고 한다.

　　그런데 왜 알면서도 사람들은 계속해서 나쁜 짓을 하는 것일까.
그래서 베카리아라는 유명한 법학자는 사형을 통해 범죄를 예방할
수 있다는 주장은 학문적 가설일 뿐 과학적으로 입증된 바가 없다고
했다. 또한 형벌의 본질이 응보에서 교육으로 옮아가고 있는 추세임
을 감안할 때 사형을 인정하는 일은 교화와 개선을 포기하는 것이라
고 했다.

　　물론 인간적으로 나쁜 사람도 없지 않을 것이다. 특수 강간에 살
인, 심지어는 청소년을 상대로 한 인면수심 행위 등 죄질이 나쁜 사
람이 한둘이겠는가.

　　그런데 사형수의 스님이라고 하여 세간에도 유명한 어느 스님이

세계 사형 폐지의 날 캠페인 | 국제 앰네스티 한국 지부 회원들이 명동에서 사형 제도 폐지를 촉구하는 캠페인을 벌이고 있다.

낸 책이 사람들의 심금을 울린 적이 있다. 내용인즉 죽음을 앞둔 흉악 범죄자들이 한결같이 부처가 되더라는 것이다. 때로는 우발적으로 때로는 일이 꼬여서 그런 범죄행위를 한 사람들은 물론이요 작심을 하고 나쁜 짓을 한 사람들도 죽음 앞에서는 나약한 인간이요 참회하는 인간이더라는 것이다.

생각해 보면 사형으로 응징될 만한 범죄의 경우 범인의 인격이나 성향도 문제지만, 국가 전체의 구조적 모순에서 오히려 비난의 요소가 있다고 보이는 경우도 많다고 한다. 그런데도 생명을 박탈하는 극단적인 방법을 선택하는 것은 형사 정책의 본질을 왜곡하는 임시방편에 불과한 경우가 많다. 이것은 필자가 한 이야기가 아니라 형사 정책을 하는 법학자들의 이야기이고 거슬러 올라가면 유명한 베카리아의 주장이기도 하다.

되돌이킬 수 없는 오판　더군다나 재판도 인간이 행하는 하나의 제도이므로 오판의 가능성을 배제할 수 없는데, 오판에 의한 사형 집행은 인간의 생명을 영구히 박탈하는 구제할 수 없는 결과를 초래하기도 한다.

최근 우리 사법부에서는 1970년대 말의 인혁당 사건과 관련해 30년이 지난 뒤에야 재심을 통해 무죄를 선고한 바 있다. 그런데 문제는 인혁당 사건과 관련해 사형 선고를 받은 사람들은 이미 형장의 이슬로 사라지고 난 뒤라는 것이다.

대통령을 역임했고 노벨 평화상을 수상한 김대중도 사실은 한때 사형수였다. 미국 등 외부의 압력과 국내 민주화 세력의 반발을 고려해 사형을 집행하지 않아서 다행이었지 만일 사형을 집행했다면 우리나라는 최초의 노벨상 수상자를 배출하지 못했을 것이다.

더군다나 우리 헌정사처럼 민주화 운동을 반체제 운동으로 몰아 각종 조직 사건을 양산하고 사형을 선고했던 국가라면, 다만 지금은 그것이 옛날처럼 남발되지 않는다 하더라도 그러한 사건을 가능케

했던 국가 보안법 등 반민주 악법이 남아 있는 한 사형 제도에 대해
더욱 신중할 필요가 있다.

사형 제도는 위헌 뿐만 아니라 사형 제도는 법리적으로도 위헌이다.
왜냐하면 생명권에 대한 본질적 침해이기 때문이다. 헌법 재판소 조
차도 "사형은 생명권에 대한 박탈을 의미하므로 만약 그것이 인간의
존엄에 반하는 잔혹하고 이상한 형벌이라고 평가되거나 형벌의 목
적 달성에 필요한 정도를 넘는 과도한 것으로 평가된다면 우리 헌법
의 해석상 허용될 수 없는 위헌적인 형벌"이라고 했다. 다시 말하면
'한 생명의 가치만을 놓고 본다면 인간 존엄성의 활력적인 기초를
의미하는 생명권은 절대적 기본권으로 보는 것이 당연하고, 따라서
인간의 존엄성을 존중하고 생명권을 보장한다는 헌법 정신에 비추
어 볼 때 법률로써 생명권을 침해하는 것은 법리상 모순' 이라는 것
이다.

다만 사형이 '우리의 문화 수준이나 사회 현실에 미루어 보아 지
금 곧 이를 완전히 무효화시키는 것이 타당하지 아니하므로 아직은
우리의 현행 헌법 질서에 위반되지 아니한다' 고 판단했다. 또한 '위
헌 합헌 논의를 떠나 사형을 계속 존치시키는 것이 반드시 필요하고
바람직한 것인가에 대한 진지한 찬반의 논의도 계속되어야 할 것' 이
라고 했다. 1996년에는 법리적으로는 위헌이지만 정책론 또는 현실
론에 기초해 7:2로 합헌 결정하였다.(헌법재판소 1996.11.28일 결정, 95

헌바1)

그런데 2010년도에 있었던 사형제에 대한 위헌 법률 심사에서는 법리적으로도 위헌이고 정책론 또는 현실론에 비추어 보더라도 위헌이라고 판단한 재판관이 4명에 이르렀다.(헌법재판소 2010.2.25 결정, 2008헌가23)

사실 정부도 사형 집행에 적극적이지 않다. 1997년 12월 김영삼 대통령 시절 23명을 사형 집행한 후 15년 동안 사형을 집행하지 않아 국제 사면 위원회amnesty international(국제 앰네스티)에서 사실상 사형 폐지국으로 분류했다. 하지만 연쇄 살인 사건 등 사회적으로 충격을 주는 범죄가 일어날 때마다 사형을 다시 집행해야 한다는 여론이 비등했다. 2008년의 경우 법무부가 사형 집행 유예 정책을 원점에서 재검토했지만 외교부가 이에 강력한 반대 의견을 개진하기도 했다. 국제무대에서 외교를 해야 할 외교부의 입장에서는 여러 가지로 곤란한 점이 많기 때문일 것이다.

실제로 유럽 의회는 2010년 우리 헌법 재판소가 5:4로 합헌 결정을 하자 비난 결의안을 채택했고, 또 '한국 정부는 사형제 폐지에 관한 유엔 결의를 지지하는 한편, 유엔 총회에 상정될 사형제 폐지관련 결의를 공동 발의하거나 이러한 결의에 찬성표를 던질 것을 요구한다'고 밝히기도 했다. 사형제 폐지에 대한 국제 사회의 여론이 실감되는 순간이었다.

불효자를 용서하소서   2010년 1월 10일 한 할머니가 돌아가셨다. 식물(인간) 상태에 빠진 지 2년여의 시간이 흐른 뒤였다. 고인은 2008년 폐렴 증세로 Y대학 병원에 입원해 폐 조직 검사 중 과다 출혈로 식물(인간) 상태에 빠졌다.

안타까움에 망연자실하던 가족들은 3개월여를 노심초사하던 끝에 소생이 어려울 것으로 판단하고 병원 측에 연명 치료 중단을 요청했다. 그러나 병원은 연명 치료를 계속했다. 2004년 서울의 B병원에서 연명 치료를 중단하고 퇴원할 경우 사망할 가능성이 있는 환자를 퇴원시켰는데, 법원이 가족과 의사에게 살인 방조죄로 유죄를 선고한 것이 아무래도 마음에 걸렸다.

가족들은 급기야 서울 서부 지방 법원에 연명 치료 장치 제거 등을 청구하는 소송을 제기했다. 이에 대해 법원은 2008년 Y대학 병원에게 인공호흡기를 제거하라고 판결했다. 미션 스쿨의 병원이었던 Y대학 병원은 이를 일종의 존엄사를 인정한 판결이라고 보고 고등 법원에 항소했으나 대법원에서는 결국 인공호흡기를 제거하는 데 손을 들어주었다. 2009년 5월 21일이었다.

결국 2009년 6월 23일, 김 할머니의 인공호흡기가 제거되었고, 두세 시간 내로 돌아가실 것으로 예상되어 장례식도 준비했다. 첫 번째 존엄사 실행 사례로 비상한 관심을 모으며 실행되었던 인공호

국내 첫 존엄사 현장 | Y대학 병원에 몰려든 기자들이 김 할머니의 병실 앞에서 취재를 하고 있다.

흡기 제거였다. 그러나 김 할머니는 무려 202일 동안을 생존했다. 6개월 이상을 스스로 숨을 쉬면서 생명을 유지한 것이다.

첫 번째 존엄사 판결?　우리 법원은 그동안 존엄하게 죽을 권리를 인정하지 않았다. 서울의 B병원 연명 치료 중단 사건을 살인 방조죄로 처벌한 것도 그러한 맥락이었을 것이다.

　그런데 김 할머니 사건에서 법원은 헌법 제10조에서 규정한 인간 존엄의 권리는 생존해 있는 동안뿐만 아니라 생을 다하고 죽음을 맞이하는 과정에서도 구현되어야 하는 궁극적 가치라고 하면서 회복 가능성이 없는 환자가 식물(인간) 상태로 생명을 연장하는 것보다는 자연스럽게 죽음을 맞이하는 것이 인간의 존엄과 가치에 더 부합한다고 밝혔다.

회복 가능성이 있는 환자가 치료 중단을 요구한다면 이를 말려서 생명권을 보호해야 하지만, 의학적으로 치료가 무의미해진 환자 측이 연명 치료의 중단을 요구한다면 존엄하게 죽을 수 있도록 해야 하지 않겠느냐는 취지였다.

이에 대하여 기독교계는 크게 반발하였다. 당연히 신이 주신 목숨을 스스로 거두는 것이 교리상 용납되지 않았을 것이다. 그래서인지 법원의 판결도 축소 해석했다. 법원의 판결은 어디까지나 임종 단계에 들어간 환자의 인공호흡기를 제거하도록 한 것이지, 적극적인 안락사를 인정한 것이 아니라는 것이다. 적극적인 안락사는 환자의 요청에 따라 환자에게 약물 등을 투여하여 인위적으로 죽음에 이르게 하는 것을 말하고, 소극적인 안락사는 김 할머니의 경우처럼 환자 본인이나 가족의 요청에 따라 임종 단계에 들어간 환자의 인공호흡기 제거 또는 생명 유지에 필수적인 약물이나 영양 공급을 중단하여 죽음에 이르게 하는 경우를 말한다.

기독교계 등 종교계에서는 이러한 판결이 소극적 안락사에 대한 사법부의 판단이 아니라 김 할머니의 특수한 경우에 적용될 수 있을 뿐이라고 경계하며, 존엄하게 죽을 수 있도록 호스피스 제도를 적극적으로 활용하여 편안한 임종을 돕는 것(호스피스 완화 의료 제도)을 대안으로 제시하고 있다.

존엄사 이래도 되나 사실 임종 단계에 들어선 환자에게 무의미한 연명 치료를 계속하는 것은 문제이다. 환자 본인의 존엄한 죽음을 위해서도 그렇고 환자 가족의 경제적 부담과 고통 등을 고려하더라도 그렇다. 병원도 처벌받는 것을 두려워하여 연명 치료를 계속할 수밖에 없을 것이다.

그러나 소극적인 안락사의 인정은 매우 엄격해야 한다. 김 할머니의 경우 식물(인간) 상태이고 인공호흡기로 연명했기 때문에 곧바로 돌아가실 것으로 생각했으나 무려 202일을 더 살다 돌아가셨다. 물론 인공호흡기만 제거하고 항생제 등의 생명 유지를 위한 처치는 계속 받았다. 그렇더라도 인간의 생명은 이렇듯 간단히 피고 지는 것이 아닌 것임을 이번 김 할머니 사건을 통해서도 그리고 가끔씩 들리는 식물(인간) 상태로부터 기적적으로 소생한 사건들로도 잘 알 수 있다.

그래서 소극적 안락사를 불가피하게 인정하더라도 요건을 매우 엄격하게 해야 한다는 여론이 일었다. 이번 김 할머니 사건의 경우 연명 치료 장치의 제거를 청구한 것은 가족과 환자 본인이었다. 물론 식물(인간) 상태의 할머니가 이를 신청했을 리 만무하다. 환자 가족들이 청구했을 것이다. 환자 본인이 평소 깔끔했으며, 단정하게 죽고 싶다고 입버릇처럼 말해왔으므로 본인도 연명 장치의 제거를 요청했을 것이라고 본인의 의사를 추정하여 청구했다. 그리고 법원이 이 추정된 의사를 용인한 것이다.

어려운 문제이고 논쟁적인 문제이기는 하지만, 우선 환자가 의학적으로 소생 불가능하다는 근거가 있어야 함은 물론이고 생전의 환자 본인의 명시적 의사가 있어야 할 것이다. 환자의 의사를 추정하는 경우에도 매우 엄격해야 한다. 이번 사건의 경우, 김 할머니가 당신의 남편이 심장병으로 임종을 맞을 당시 생명을 연장하는 기관 절개술을 거부했고, 인공호흡기로 연명하는 내용의 드라마를 보면서 '나는 저렇게 살지 않겠다'고 말했다는 것이 유일한 근거였다.

외국인과 인권

내가 근무하는 대학의 K교수가 어느 날 영화를 만들었다. K교수는
평소의 육중한 몸매에도 불구하고 운동장에서의 날렵한 몸동작으로
유명할 뿐만 아니라 판소리를 연상케 하는 걸쭉한 목소리를 지녔다.
'40대 후반도 축구를 할 수 있구나'를 보여 주는 동료이다. 본인의
앞날을 예견한 듯 신문에 큼직한 박스 글을 썼다. 대머리 교수와 철
학자인가 뭔가 하는 제목으로, 거기에서 배 나오고 머리 벗겨진 교
수 아저씨들의 축구 이야기를 맛깔스럽게 쓰기도 했다. 그런데 나중
에 알고 보니 그는 이미 영화계에서 꽤나 유명한 영화감독이었다.
2002년에는 차인표가 나오는 LA판 폭소 테러 영화 「아이언 팜」,
2004년에는 「달마야 서울가자」, 최근에는 1980년대 대학생들의 미

국문화원 점거 사건을 코믹하게 다룬 「강철대오: 구국의 철가방」 등
을 찍었다.

　2010년 작, 「방가방가」는 동남아풍 외모를 자랑하는 취업 실패
의 달인 방태식이 외모를 무기 삼아 부탄인 방가로 변신, 마침내 취
업에 성공해 좌충우돌하는 이야기다. 외국인 노동자들의 일상을 배
경으로 한 이 영화는 한국 사람들의 동남아 외국인들에 대한 차별을
아낌없이 보여 준다. 너무 아낌없이 보여 줘서 민망하기까지 하다.
거침없고 화려하기 짝이 없는 육두문자가 동남아 출신 외국인들에
게 날아가 꽂힌다. 외국인은 사람도 아닌 모양이다.

우리에게 외국인은 두 종류가 있다. 하나는 서양 외국인, 또 하나는
동남아 외국인이다. 이른바 서양 외국인은 키 크고 얼굴 하얗고 머
리가 금메달 색깔이고 뭐 그런, 그러니까 선진국에서 온 외국인들이
겠다. 요즘 같은 글로벌 지상주의 시대에 정말 환영받고 있는 모양
이다. 옷차림이 남루해도 왠지 그것이 새로운 패션인 것 같기도 하
고, 영어로말도 걸어보고 싶고, 여차하면 친구가 되고 싶다. 이들과
만나면 뭔가 나의 격이 올라가는 느낌이 든단다. 반면에 이른바 동
남아 외국인은 키 작고 얼굴색이 동메달 색깔이고 왠지 옷차림 남

루하게 느껴진단다. 여기에는 동남아 출신뿐만 아니라 중국에서 온 조선족 동포 등도 포함된다.

이른바 동남아 외국인이 해마다 증가하여 1990년대 초 2만 명이 던 것이 1990년대 중반 20만 명으로 증가했고 현재는 무려 120만 명을 훨씬 웃돌고 있다. 1990년대부터 관광 비자로 입국해 눌러 앉은 사람도 있고, 산업 기술 연수생 제도로 입국해 눌러 앉은 사람도 있고, 최근에는 고용 허가제에 따라 입국하기도 했는데 계속 증가하고 있다. 이들은 주로 건설 현장, 각종 중소기업, 식당, 가정부 등 한국인이 기피하는 3D 업종에 근무한다.

이들은 한국인에 비해 임금이 싸다. 1992년에는 평균 37만 원이었고, 점차 상승하여 현재는 100여 만 원을 웃돌고 있다고는 하지만 아직도 한국인에 비하면 노동력 제공에 대한 대가가 절반에도 미치지 못한다. 게다가 한국인 노동자들에게는 줄어드는 추세인 원생적 노동 관계가 여전히 남아 있다. 1970년대 전태일이 온몸을 불사르게 만들었던 장시간 저임금 노동, 강제 잔업, 임금 체불, 차별. 프랑스 시민 혁명 후에도 계속되어 결국은 제2의 근대 혁명을 일으키게 했던 원생적 노동 형태 및 노사 관계가 40년의 세월과 200년의 세월이 흐른 뒤에도 이 땅에 남아 있는 것이다.

어느 외국인 노동 상담소가 조사한 통계에 따르면 하루 노동 시간이 10~12시간인 노동자가 40퍼센트이고, 12시간을 초과하는 노동자도 30퍼센트에 달한다고 한다. 임금 체불에 항의하다가 폭행을 당한 피해자도 많은데 억울함을 호소할 겨를도 없이 불법 체류자라는 이유로 강제 출국되기도 한단다. 손가락이 잘리고 발가락이 잘리는 등의 산업 재해를 당해도 불법 체류자의 신분으로 일하는 사람들의 경우 강제 출국 조치를 당할까봐 신고도 못한다고 한다. 방가는 절규한다. 외국인도 사람이에요!

일본 속의 외국인, 재일 동포

지난 2007년 11월 7일 도쿄 시내의 대표적 근대 공원의 하나인 히비야 공원, 요즘 보기 드물게 5,000여 명이나 참가한 대규모 집회가 열렸다. 여기저기서 낯익은 우리말이 들린다. 알고 보니 일본 전국에서 모인 재일 교포들이다. 일본에 영구 거주하고 있는 외국인에게 지방 선거 참정권을 인정하라는 집회이다.

일본에는 많은 외국인들이 있다. 요즘 들어오는 외국인들은 경제적인 문제로 돈을 벌거나 비즈니스를 하러 오는 외국인들이지만, 과거에는 경제 외적인 문제로 일본에 온 외국인들이 많았다. 어떤 경제 외적인 문제인가 하면 군국주의 일본 정부에 의해 강제로 끌려온 사람들이 많았다는 이야기이다. 식민지 백성들을 끌고 와 철도를 만들고 군수 공장에서 일을 시키던 시절에 온 외국인들이다. 요즘 말로 외국인이지 당시는 징용자라는 말을 썼다고 한다. 물론 그중에

재일 교포들의 참정권 보장 촉구 집회 | 재일 민단 소속 교포들이 도쿄 시내 히비야 공원에서 지방 선거 참정권 허용을 촉구하는 집회를 갖고 있다.

는 먹고 살기 힘들어 돈 벌러 온 사람도 있겠지만.

　그래서 일본에 남아 있던 재일 조선인이 패전 직후에는 무려 260여 만 명이나 되었다고 한다. 해방이 되자 연락선을 타고 200여 만 명이 귀국했지만, 60여 만 명은 이런저런 사정으로 귀국할 수 없었다고 한다. 처자식이 있거나 새로운 생활 기반이 생겼거나 나중에 귀국하려다 늦은 사람 등등. 무일푼에 백수로 시작했으나 사업체를 일군 사람도 많고 식당업, 예체능계, 문화계 등에서 활약하는 재일 교포들도 적지 않다. 60여 년이 지난 지금도 60여 만 명이라고 하는데, 귀화를 한 사람도 있지만 다수는 여전히 재일 조선인으로 살고 있다고 한다. 어렵게 결심하여 귀화하려고 해도 귀화가 쉽지 않았다. 아버지 쪽이 외국인인 사람에게 일본이 귀화를 허용한 것은 불과 25년 전이다.

이제는 귀국도 쉽지 않다. 민족 학교를 다니거나 특별히 우리말을 배우지 않으면 우리말도 잘하지 못하고, 일본 문화 속에서 오래 살아서 오히려 일본 문화에 더 익숙해져 있다. 게다가 유도 선수 추성훈의 예처럼 귀국을 해도 우리 사회의 진입 장벽이 만만치 않다. 이리 치이고 저리 치이는 외국인이지만 일본에 영구히 사는 사람들. 일본인과 같이 생활하고 있지만 일본인이 아닌 사람들. 재일 교포 문학 평론가는 이를 경계인이라고도 했고 어떤 시사 평론가는 회색인이라고도 자조했다. 일본의 법무성은 이들을 '영주 외국인'이라고 하여 일본인처럼 일본에 살게 하고 세금도 내게 하고 있다.

그러나 이들에게는 의무만 있지 권리는 없다. 대표적인 것이 참정권이라는 인권이다. 인권이란 태어나면서부터 갖는 권리이고 참정권 또한 생활 공동체 구성원으로서 갖는 권리이다. 재일 교포들의 경우 국적이 조선, 한국, 북한 등등으로 나뉘어 있지만, 사실은 일본에서 애 낳고 돈 벌고 세금 내고 사는 일본 사회의 생활 공동체의 일원이다. 지역의 생활 공동체인 지방 의회 의원을 선거하고 지방 자치 단체장을 선거하는 데 배제할 이유가 없다. 오히려 이들 생활 공동체의 구성원들에게 참정권을 부여해 지역 사회를 통합해야 한다.

그런 의미에서 1990년대부터 본격화된 재일 교포 참정권 문제는 재일 교포들의 중대한 인권 문제이다. 우리 정부도 1991년부터 재일 교포 참정권 문제를 거론하기 시작했고 2010년에는 당시의 수상이었던 하토야마 유키오 총리와 오자와 이치로 민주당 간사장 등 당과 정부의 지도부가 정부 입법의 방식으로 외국인에게 지방 선거 참정권을 부여하는 법안을 국회에 제출해서 처리하기로 합의하기도 했다.

그러나 외국인 참정권 반대파들이 참정권은 일본 국민의 고유한 권리이며 지방 선거도 국정의 일환이므로 비국민인 외국인에게 참정권을 내줄 수 없다고 반대했다. 게다가 보수파이기는 하나 한일 관계에 비교적 적극적이었던 오자와 이치로 민주당 간사장이 정치 자금 문제로 긴급 체포 되는 등 상황이 여의치 않아 다시 답보 상태에 빠지고 말았다.

한국 속의 외국인, 이자스민

우리 정부도 사실은 외국인 참정권 문제에서는 일본 정부와 별로 다를 바가 없었다. 1991년에 재일 교포의 지방 선거 참정권을 주장하면서, 우리나라에 있는 영주 외국인인 화교들에게는 참정권을 주지 않아 빈축을 산 적도 있다.

그러던 우리 정부도 2005년에 선거법을 개정해 화교를 비롯한 일정한 요건을 갖춘 외국인들에게 지방 의회 참정권을 인정하기 시작했다. 바뀐 공직 선거법에 따르면, 우리나라의 영주권을 취득한 후 만 3년이 지난 19세 이상의 외국인은 지방 선거에 참여할 수 있다. 이에 따르면 2006년 4월 1일 기준으로 투표권을 갖는 외국인은 6,579명이고 그 중 대만 출신의 화교가 6,511명으로 가장 많고 이어 일본인 51명, 미국인 8명, 중국인 5명, 독일인 2명, 기타 2명이었다. 정부 관계자는 대통령 선거나 국회의원 선거와 달리 지방 선거의 경우 참정권의 주체를 '주민'으로 하고 있기 때문에 '주민'인 영주 외국인의 경우 법리적으로 지방 의회 선거에 참여하는 것이 가능하다는 것이다. 러시아, 스웨덴 등 10여 개 국은 외국 주민에게 지방 선거 참정권을 인정하고 있고, 독일 등 9개 국은 유럽 연합 시민에게 참정권을 인정하고 있다.

2010년 지방 선거에서는 외국인 유권자 수가 2006년에 비해 약 2배 증가한 1만 2,899명이었다. 그리고 몽골 출신 귀화 외국인인 이라 씨가 경기도의회 의원에 당선되기도 했다. 또한 2012년 국회의원 선거에서는 필리핀에서 귀화한 이자스민 씨가 비례 대표 국회의원에 당선되었다. 글로벌 시대, 다문화 결혼 시대로 접어든 이상 앞으로 점차 외국인 참정권을 비롯한 인권 문제가 본격화될 전망이다.

국가인권위원회 인권교육센터   http://edu.humanrights.go.kr

국가보안법폐지국민연대   http://freedom.jinbo.net

국제 앰네스티 한국 지부   http://amnesty.or.kr

녹색연합   http://www.greenkorea.org

다산 인권센터   http://www.rights.or.kr

대한법률구조공단   http://www.klac.or.kr

외국인이주노동운동협의회   http://www.jcmk.org

인권연대   http://www.hrights.or.kr

전국교직원노동조합   http://www.ktu.or.kr

전쟁없는세상   http://www.withoutwar.org

참여연대   http://www.peoplepower21.org

한국노동사회연구소   http://klsi.org

한국여성민우회   http://www.womenlink.or.kr

한국인권재단   http://www.humanrights.or.kr

한국정신대문제대책협의회   http://www.womenandwar.net

<u>인 권 은</u> 인간의 권리이며, 인간이 태어나면서부터 갖는 권리이다. 하지만 문서를 통해 인권을 보장받기 시작한 것은 불과 200여 년 전이다. 인권이 보장되면서 인간은 비로소 인간답게 대접받기 시작했으며, 인권이 없었다면 인류 문명 또한 지금처럼 발전할 수 없었을 것이다. 이 책에서는 인권에 대한 다양한 이야기를 통해, 인권이 인류 역사에 어떻게 영향을 끼쳤으며, 앞으로도 인류의 삶을 어떻게 바꿀 것인지 이해하고자 했다.

인권을 문서로 보장하는 과정은 세계사의 변화와도 맞닿아 있다. 명예혁명의 결과 1689년 권리 장전이 나왔으며 그로부터 100년이 지난 1789년에는 프랑스 인권 선언이 나왔다. 근대적인 시민 혁명에도 불구하고 많은 사람들이 원생적 노사 관계에 시달렸고 그래서 제2의 근대 혁명을 일으켜야 한다는 목소리가 분출되었다. 1871년에는 파리 코뮌에서 새로운 인권이 주장되었으며 1919년 러시아에서는 '노동 인민의 권리 선언'이 작성되었다. 1919년 독일의 바이

마르 헌법에서는 인간다운 생활을 할 권리, 노동 삼권과 같은 사회권도 인권임이 천명되었다.

인권이 문서로 보장되면서 한국인의 삶과 역사도 바뀌었다. 1948년 헌법이 제정되면서 대한국민도 인권의 주체가 되었다. 그러나 1950년대는 인권이 이름값을 못한 시기였다. 1960년 4.19로 인권이 이름값을 할 기회를 맞았으나 군사 정변에 의해 수포로 돌아갔다. 한국 사회의 원생적 노사 관계는 1970년대 스물세 살 청년 전태일의 몸을 불사르게 했고, 그로부터 우리 사회의 노동 인권은 1987년을 거치면서 일반 노동자의 노동 삼권 요구 운동으로 확산되었다. 1990년대에는 교사들의 단결권과 단체 교섭권도 인정되기 시작했다.

2000년대의 한국사회는 인권의 각축장이다. 인터넷을 통한 표현의 자유, 선거 운동의 자유가 주창되고 있으며, 성인들뿐만 아니라 청소년 교육의 현장에서도 분출하고 있다. 분출된 인권은 생명권, 평화권에 이르기까지 확산되고 있으며, 어느덧 우리 사회의 구성원이 된 외국인들에게까지 미치고 있다.

사실 인권은 근대의 산물이다. 인간이 태어나면서부터 갖는 권리인 인권은 그 천부적 성격에도 불구하고, 근대 시민 혁명 이후 비로소 시민권을 획득하게 되었다. 그러나 근대 시민 혁명 직후의 인권은 자유권(제1세대) 중심의 인권에 불과했고, 현대 사회에 들어와서는 사회권(제2세대)과 같은 새로운 인권이 등장했다. 그리고 오늘날에는 평화권 또는 평화적 생존권과 같은 제3세대의 인권이 등장하고 있다.

인권을 요구하는 방식도 달라지고 있다. 과거에는 억눌린 자가 참다못해 몸을 바쳐 저항하거나 인권을 통해 세상을 바꾸려는 사람들의 주장이었으나, 이제는 인권을 일상의 문제, 나의 문제로 받아들이는 이들이 늘어나고 있다. 우리 사회를 격랑에 휩쓸리게 한 2000년대의 촛불 시위는 그러한 인권 운동의 새로운 경향을 보여 주는 사례이다.

특히 한국 사회는 인권을 위한 새로운 혁명을 꿈꾸는 청소년들이 많은 나라이다. 인권 운동과 관련해 2000년대 들어와 우리 앞에 새로이 등장한 단어들이 있다. 청소년 인권 교육, 청소년 인권 활동가, 청소년 인권 행동 등이 그것이다. 교문 안에서도 인권을 문서로 보장해야 한다는 운동이 확산되고 있으며, 교문 밖에서도 인권을 통해서 세상을 바꾸려는 움직임이 이어지고 있다. 결국 인권은 세상을 또 한 번 바꿀 것이다.

인권이 세상을 어떻게 바꿀 것인가? 요즘 말로 하자면 ‘닥치고 인권’ 이다. 이제 그대의 손에 해답이 쥐어져 있다.

참고문헌

제 1 장

강헌 외, 「오 꿈의 나라」, 한국 영화, 2009년

박주민 외 저, 『호모 레지스탕스』, 해피스토리, 2011년

이경주, 『헌법』, 청목, 2012년

제 2 장

杉原泰雄 저, 석인선 역, 『인권의 역사』, 한울, 1995년

杉原泰雄 저, 이경주 역, 『헌법의 역사』, 이론과 실천, 1998년

리들리 스콧, 「로빈 후드Robin Hood」, 미국 영화, 2010년

田中浩 저, 정치사상연구회 역, 『국가사상사』, 거름, 1985년

하승수, 『청소년을 위한 세계인권사』, 두리미디어, 2011년

Alain Fenet, 『Les libertés publiques en France』, PUF, 1976년

Maurice Duverger, 『Constitutions et documents politiques』, PUF, 1996년

제 3 장

杉原泰雄 저, 석인선 역, 『인권의 역사』, 한울, 1995년

杉原泰雄 저, 이경주 역, 『헌법의 역사』, 이론과 실천, 1998년

변해철, 『1789년 인간과 시민의 권리 선언』, 탐구당, 1999년

빅토리아 슐츠, 「세계 인권 선언의 역사」, 미국 영화, 1998년

장호순, 미국헌법과 인권의 역사, 개마고원, 1998년

하승수, 『청소년을 위한 세계인권사』, 두리미디어, 2011년

Akhil Reed Amar, 『The Bill of Rights』, Yale UP,1998년

Charles Zorgbibe, 『Histoire politique et constitutionnelle de la France』, Ellipses, 2002년

Jean Rivero, 『Les libertés publiques』, PUF, 1977년

Nicholas N. Kittrie, 『The Tree of Liberty, Johns Hopkis UP』, 1986년

제 4 장

마가레테 폰 트로타, 「로자 룩셈부르그」, 독일 영화, 1986년

杉原泰雄 저, 이경주 역, 『헌법의 역사』, 이론과 실천, 1998년

송석윤, 『위기시대의 헌법학』, 정우사, 2002년

스틴그 코닝스, 「단스Daens」, 벨기에 영화, 1992년

오인석, 『바이마르 공화국』, 삼지원, 2002년

조효제, 『인권을 찾아서』, 한울, 2011년

조효제, 『인권의 문법』, 후마니타스, 2011년

프리드리히 에베르트 재단 · 광주시민연대 저, 정태호 역, 『유럽연합기본권헌장 · 아시아인권헌장』,
　　2001년

하겐 슐체 저, 반성환 역, 『새로쓴 독일역사』, 知와 사랑, 2000년

E.R. Huber, 『Deutsche Verfassungsgeschichte, Band V(1914~1919)』, Verlag W.
　　Kohlhammer, 1978년

제 5 장

김동춘, 『분단과 한국사회』, 역사비평사, 1997년

김지훈, 「화려한 휴가」, 한국 영화, 2007년

박광수, 「아름다운 청년 전태일」, 한국 영화, 1995년

박원순, 『국가 보안법 연구 1~3』, 역사비평사, 1989년

서중석, 『한국현대사 60년』, 역사비평사, 2007년

신인령, 『노동기본권연구』, 미래사, 1985년

앤서니 루이스 저, 박지웅 · 이지은 역, 『우리가 싫어하는 생각을 위한 자유』, 간장, 2010년

이재승, 『국가범죄』, 앨피 북, 2010년

조국, 『사상의 자유』, 살림터, 1992년

조영래, 『전태일 평전』, 아름다운전태일, 2009년

커스틴 셀라스 저, 이승훈 역, 『인권 그 위선의 역사』, 은행나무, 2003년

한홍구, 『대한민국사』, 한겨레신문사, 2003년

제 6 장

국가인권위원회(유진희 외), 「별별이야기」, 한국 영화, 2005년

국가인권위원회(임순례 외), 「여섯 개의 시선」, 한국 영화, 2006년

국가인권위원회, 『인권 누구에게나 소중해요』, 국가인권위원회, 2005년

국가인권위원회, 「중고등학생 인권상황 실태조사」, 국가인권위원회 연구용역보고서, 2006년

김갑수, 『이승만에서 2PM까지』, 한걸음더, 2010년

김기창, 『한국 웹의 불편한 진실』, 디지털미디어 리서치, 2009년

김두식, 『헌법의 풍경』, 교양인, 2004년

김유진, 「단지 그대가 여자라는 이유만으로」, 한국 영화, 1990년

박경태, 『인권과 소수자 이야기』, 책세상, 2007년

박삼중, 『지상에서 보내는 마지막 편지』, 인화, 1998년

박삼중, 『사형수들이 보내온 편지』, 태일출판사, 1994년

배경내, 『인권은 교문 앞에서 멈춘다』, 우리교육, 2007년

송해성, 「우리들의 행복한 시간」, 한국 영화, 2006년

인권교육센터 '들', 『인권 교문을 넘다』, 한겨레에듀, 2011년

임재성, 『평화의 언어』, 그린비, 2011년

크리스티네 슐츠 라이스, 공현 공저, 안미라 역, 『청소년 인권수첩』, 양철북, 2010년

팀 로빈스, 「데드 맨 워킹」, 미국 영화, 1995년

Helen Prejean, 『Dead Man Walking』, Zonderban, 2007년

사진 자료 출처

28쪽 | 영국의 존 왕과 프랑스 왕 필리프 2세의 전투
http://all-history.org

31쪽 | 마그나 카르타에 서명하는 존 왕
http://www.ekrembugraekinci.com/makale.asp?id=357

33쪽 | 권리 청원
http://www.luminarium.org/encyclopedia/petitionofright.htm

35쪽 | 제임스 2세의 딸 메리와 그 남편인 윌리엄 3세
http://learnonline-mgs.blogspot.kr/2012/02/17th-century-videos-lab-activities.html

37쪽 | 북아메리카에 도착한 청교도들
http://relevancy22.blogspot.kr/2011/11/landing-of-pilgrim-fathers.html

39쪽 | 독립 선언서를 발표하는 대륙 회의
http://billofrightsinstitute.org/founding-documents/declaration-of-independence

45쪽 | 매뉴팩쳐
http://k0907356.edublogs.org/2011/05/09/blog-6-2

46쪽 | 프랑스 인권 선언
http://wendysalter.wordpress.com/2012/01/09/the-phrygian-cap

57쪽 | 인권 선언문과 관련한 우의화
http://www.safran-arts.com/42day/art/art4oct/art1019.html

59쪽 | 민중을 이끄는 자유의 여신
http://www.malerei-meisterwerke.de/bilder_gross/eugene-ferdinand-victor-delacroix-die-freiheit-fuehrt-das-volk-an-02422.html

63쪽 | 토머스 페인
http://youjivinmeturkey.com/tag/thomas-paine

70쪽 | 산업 혁명 시기의 아동 노동
http://www.er.uqam.ca/nobel/m174774/page_2b.htm
http://en.wikipedia.org/wiki/File:Mill_Children_in_Macon_2.jpg

75쪽 | 처형당하는 올랭프 드 구즈
http://en.wikipedia.org/wiki/File:Olympe_gouges.jpg

83쪽 | 실존 인물인 아돌프 단스의 삶을 다룬 영화 「단스」의 한 장면
http://www.themoviedb.org/movie/44103-daens

85쪽 | 파리 코뮌
http://docteur-jeje.blogspot.kr/2011/05/la-commune-1871-paris-capitale-insurgee.html

91쪽 | 바이마르 공화국 의회
http://www.cicero.de/berliner-republik/heinrich-august-winkler-die-verachtete-weimarer-republik/48336

98쪽 | 러시아 혁명 시기를 배경으로 한 영화 「닥터 지바고」의 한 장면
http://movieart.net/directors/david-lean

102쪽 | 구 소련의 영역 지도
http://althistory.wikia.com/wiki/File:CV_Soviet_Union_orthographic_map.png

109쪽 | 국경 경비대원들이 지켜보는 가운데 베를린 장벽을 무너뜨리는 시민들
http://www.tumblr.com/tagged/berlin-wall?before=1352834645

115쪽 | 징용자 사망 통지서 | 출처 미상

123쪽 | 전태일의 삶과 죽음을 다룬 영화 「아름다운 청년 전태일」의 한 장면
http://hook.hani.co.kr/archives/15628

119, 129, 131, 137, 142, 152, 167, 181, 186, 194, 199, 207쪽 | 연합뉴스 제공

교 과 연 계 표

1. 세상을 바꾼 인권	중학교	도덕1	Ⅱ-4. 사이버 예절과 도덕
	고등학교	생활과 윤리	Ⅲ-5. 사이버 공간과 인간의 자아 정체성
			Ⅴ-2. 종교와 윤리
		사회	Ⅷ-2. 정치 과정과 정치 참여
		사회·문화	Ⅴ-4. 종교 제도와 다문화주의
2. 인권의 탄생	중학교	도덕1	Ⅲ-1. 바람직한 국가의 모습
		도덕3	Ⅱ-1. 인간 존엄성과 소수자 보호
		역사(상)	Ⅷ-4. 기사의 나라 서유럽과 황제의 나라 비잔티움
			Ⅷ-5. 신을 위한 문화, 인간을 위한 문화
	고등학교	도덕	Ⅱ-2. 사회 윤리의 제 문제
			Ⅲ-1. 국가와 윤리
		사회·문화	Ⅴ-4. 종교 제도와 다문화주의
		세계사	Ⅳ-3. 유럽의 경제 성장과 지중해 교역
			Ⅴ-3. 유럽 사회의 변화와 절대주의의 등장
			Ⅵ-2. 시민 혁명과 근대 국민 국가의 형성
3. 근대 시민 혁명과 인권 보장	중학교	도덕1	Ⅲ-1. 바람직한 국가의 모습
		도덕3	Ⅱ-1. 인간 존엄성과 소수자 보호
			Ⅱ-2. 양성평등의 도덕적 의미
		역사(상)	Ⅸ-4. 세계로 나아가는 유럽, 그 빛과 그림자
	고등학교	도덕	Ⅲ-1. 국가와 윤리
		윤리와 사상	Ⅲ-5. 다양한 윤리 사상

			Ⅳ-2. 민본주의와 민주주의
			Ⅳ-3. 자본주의와 사회주의
		생활과 윤리	Ⅳ-3. 사회 복지 문제와 윤리
			Ⅳ-5. 기업가·근로자 윤리
		사회·문화	Ⅳ-1. 사회 불평등 현상으로서의 사회 계층
			Ⅵ-2. 사회 변동의 양상
		세계지리	Ⅱ-5. 아메리카의 다양한 혼합 문화
		세계사	Ⅵ-3. 산업 혁명과 산업화 사회
4. 제2의 근대 혁명과 인권	중학교	도덕1	Ⅲ-1. 바람직한 국가의 모습
		도덕3	Ⅱ-1. 인간 존엄성과 소수자 보호
		역사(상)	Ⅸ-4. 세계로 나아가는 유럽, 그 빛과 그림자
	고등학교	도덕	Ⅲ-1. 국가와 윤리
		윤리와 사상	Ⅳ-2. 민본주의와 민주주의
			Ⅳ-3. 자본주의와 사회주의
		사회·문화	Ⅳ-3. 불평등 해소를 위한 사회 복지 제도
		세계사	Ⅵ-3. 산업 혁명과 산업화 사회
			Ⅷ-1. 두 차례의 세계 대전
			Ⅷ-3. 세계 경제의 변화
5. 한국 헌정사와 인권	중학교	도덕1	Ⅲ-1. 바람직한 국가의 모습
		도덕2	Ⅲ-1. 민족의 삶과 통일의 필요성
			Ⅲ-3. 바람직한 통일의 모습
		역사(하)	Ⅲ-1. 일제의 식민지 지배 정책
			Ⅲ-4. 사회·문화의 변화와 민족 문화 수호 운동
			Ⅳ-1. 대한민국 정부 수립
			Ⅳ-2. 민주주의의 시련과 발전
			Ⅳ-3. 경제 성장과 사회·문화의 변화
			Ⅳ-4. 통일을 위한 노력
	고등학교	생활과 윤리	Ⅳ-5. 기업가·근로자 윤리

		사회	VII-1. 인권 보장과 법의 역할
			VII-2. 법적 구제와 법의식의 함양
			VII-3. 인권 및 사회 정의의 문제와 해결
			VIII-1. 정치권력의 구조와 기능
			VIII-3. 정치 발전과 정치 문화
		생활 경제	V-5. 직장과 노사 관계
		세계사	VII-2. 동아시아의 민족 운동
		동아시아사	VI-1. 전후 처리와 국교 회복
			VI-2. 냉전 속의 열전
			VI-4. 동아시아 각국의 정치와 사회
			VI-5. 동아시아의 역사 갈등과 화해
		한국사	VII-2. '황국 신민화' 구호 아래 민족의 희생을 강요당하다
			VIII-3. 대한민국 정부와 북한 정부가 수립되다
			IX-2. 민주주의의 시련과 발전
			IX-3. 고도성장과 사회·문화의 변화
			IX-4. 북한의 변화와 평화 통일을 위한 노력
6. 현대 한국 사회와 인권	중학교	도덕1	II-4. 사이버 예절과 도덕
		도덕3	II-1. 인간 존엄성과 소수자 보호
	고등학교	도덕	I-2. 도덕적 판단의 과정
			II-1. 사회 제도와 정의
			II-2. 사회 윤리의 제 문제
			III-2. 민족과 윤리
			IV-1. 평화로운 삶의 추구
		생활과 윤리	II-4. 신체와 윤리
			II-8. 죽음과 윤리
			III-5. 사이버 공간과 인간의 자아 정체성
			IV-3. 사회 복지 문제와 윤리
			V-2. 종교와 윤리

사회　　VI-2. 문화 변동의 양상과 갈등 해결

VII-1. 인권 보장과 법의 역할

VII-2. 법적 구제와 법의식의 함양

VII-3. 인권 및 사회 정의의 문제 해결

VIII-2. 정치 과정과 정치 참여

사회·문화　IV-2. 사회 불평등 현상과 해결 방안

세계지리　III-6. 해안 지형과 해양 환경

V-2. 세계의 인구 이동과 지역 변화

VI-2 국제 분쟁의 해결과 문화 교류

세계사　　VIII-4 현대의 문화와 인류의 미래

동아시아사　VI-1. 전후 처리와 국교 회복

VI-2. 냉전 속의 열전

VI-4. 동아시아 각국의 정치와 사회

VI-5. 동아시아의 역사 갈등과 화해

한국사　　IX-3. 고도성장과 사회·문화의 변화

IX-5. 세계와 대한민국